Palabras como espadas
Antología bilingüe

Emily Dickinson

Palabras como espadas
Antología bilingüe

Selección, traducción y nota
de Amalia Rodríguez Monroy

ALIANZA EDITORIAL

Primera edición: 2001
Tercera edición: 2019

Diseño de cubierta: Elsa Suárez Girard / www.elsasuarez.com
Imagen: © ONYXprj / Shutterstock

© de la traducción, selección y nota: Amalia Rodríguez Monroy, 2001
© Alianza Editorial, S. A., Madrid, 2001, 2019
   Calle Juan Ignacio Luca de Tena, 15
   28027 Madrid
   www.alianzaeditorial.es
   ISBN: 978-84-9181-695-9
   Depósito legal: M. 23.747-2019
   Printed in Spain

SI QUIERE RECIBIR INFORMACIÓN PERIÓDICA SOBRE LAS NOVEDADES DE
ALIANZA EDITORIAL, ENVÍE UN CORREO ELECTRÓNICO A LA DIRECCIÓN:

alianzaeditorial@anaya.es

Palabras como espadas
Antología bilingüe[*]

---

* El lector que desee obtener una panorámica general de la autora y del contexto de su obra, puede acudir a la nota a la presente antología en pp. 221 y ss.

Success is counted sweetest
By those who ne'er succeed.
To comprehend a nectar
Requires sorest need.

Not one of all the purple Host
Who took the Flag today
Can tell the definition
So clear of Victory

As he defeated—dying—
On whose forbidden ear
The distant strains of triumph
Burst agonized and clear!

El éxito resulta más dulce
Para quienes nunca lo alcanzan.
Asimilar un néctar
Requiere muy penosa necesidad.

¡Ni una siquiera de las Huestes púrpura
Que hoy porta la Bandera
Puede dar definición
Tan clara de qué es la Victoria

Como el que es vencido—moribundo—
Y en su oído agotado
Estallan mortecinos y claros
Los acordes lejanos del triunfo!

These are the days when Birds come back—
A very few—a Bird or two—
To take a backward look.

These are the days when skies resume
The old—old sophistries of June—
A blue and gold mistake.

Oh fraud that cannot cheat the Bee—
Almost thy plausibility
Induces my belief.

Till ranks of seeds their witness bear—
And softly thro' the altered air
Hurries a timid leaf.

Oh Sacrament of summer days,
Oh Last Communion in the Haze—
Permit a child to join.

Thy sacred emblems to partake—
Thy consecrated bread to take
And thine immortal wine!

Son éstos los días en que los Pájaros vuelven—
Sólo unos pocos—un Pájaro o dos—
Para dar una mirada atrás.

Son éstos los días en que los cielos retoman
Las viejas—viejas sofisterías de Junio—
Error azul y dorado.

Ay, fraude que no logras engañar a la Abeja—
Tu plausible apariencia
Casi induce mi fe.

Hasta que hileras de simientes ofrecen testimonio—
Y a través del aire alterado suave
Se apresura una tímida hoja.

¡O Sacramento de los días de estío,
O Última Comunión en la Bruma—
Permite que el niño se una.

Comparta los emblemas sagrados—
Tome tu pan consagrado
Y tu vino inmortal!

Water, is taught by thirst.
Land—by the Oceans passed.
Transport—by throe—
Peace—by it's battles told—
Love, by Memorial Mold—
Birds, by the Snow.

El Agua se conoce por la sed.
La Tierra—por los Mares navegados.
El Arrebato—por el tormento—
La Paz—por el recuento de sus batallas—
El Amor, por el Moho de la Memoria—
Por la Nieve, los Pájaros.

You love me—you are sure—
I shall not fear mistake—
I shall not cheated wake—
Some grinning morn—
To find the Sunrise left—
And Orchards—unbereft—
And Dollie—gone!

I need not start—you're sure—
That night will never be—
When frightened—home to Thee I run—
To find the windows dark—
And no more Dollie—mark—
Quite none?

Be sure you're sure—you know—
I'll bear it better now—
If you'll just tell me so—
Than when—a little dull Balm grown—
Over this pain of mine—
You sting—again!

Me quieres—no tienes duda—
No temeré equivocarme—
No me despertaré *engañada*—
Una mañana burlona—
Para descubrir que el Amanecer se fue—
Que los Huertos—quedaron despojados—
¡Y Dollie—no está ya!

No tengo que salir—no tienes duda—
Esa noche no llegará—
Cuando asustada—corra a Tu casa—
Y me encuentre las ventanas oscuras—
Que Dollie ya no está—mira—
¿Nadie ya?

Asegúrate de que no te queda duda—ya sabes—
Ahora lo soportaré mejor—
Basta con que tú me lo pidas—
Que luego—una vez el Bálsamo extendido—
Sobre este dolor mío—
¡Tú vuelvas—a clavar el aguijón!

A Wounded *Deer—leaps highest—*
I've heard the Hunter tell—
'Tis but the Extasy of death—
And then the Brake is still!

The Smitten *Rock that gushes!*
The trampled *Steel that springs!*
A Cheek is always redder
Just where the Hectic stings!

Mirth is the Mail of Anguish—
In which it Cautious Arm,
Lest anybody spy the blood
And «you're hurt» exclaim!

El Ciervo *Herido*—salta con más fuerza—
Le oí decir al Cazador—
No es sino el Éxtasis que antecede a *la muerte*—
¡Después el Matorral se queda inmóvil!

¡La Roca *Conmovida* hace brotar un chorro!
¡El Acero *pisoteado* se alza!
¡Una Mejilla está más encendida
Ahí donde la Fiebre clava!

¡El júbilo es la Cota de Malla de la Angustia—
En la que con Cautela se Escuda,
No sea que alguien descubra la sangre
Y exclame: «estás herido»!

I'm «wife»—I've finished that—
That other state—
I'm Czar—I'm «Woman» now—
It's safer so—

How odd the Girl's life looks
Behind this soft Eclipse—
I think that Earth feels so
To folks in Heaven—now—

This being comfort—then
That other kind—was pain—
But why compare?
I'm «Wife»! Stop there!

Soy «esposa»—con eso ya he terminado—
Ese otro estado—
Soy Zar—ahora soy «Mujer»—
Es más seguro así—

Qué extraña resulta la vida de la Joven
Oculta tras este tenue Eclipse—
La Tierra debe parecer lo mismo
A los que están en el Cielo—ahora—

Si esto es consuelo—entonces
Lo otro—era dolor—
Mas ¿por qué comparar?
¡Soy «Esposa»! ¡Y basta!

I taste a liquor never brewed—
From Tankards scooped in Pearl—
Not all the Frankfort Berries
Yield such an Alcohol!

Inebriate of Air—am I—
And Debauchee of Dew—
Reeling—thro endless summer days—
From inns of Molten Blue—

When «Landlords» turn the drunken Bee
Out of the Foxglove's door—
When Butterflies—renounce their «drams»—
I shall but drink the more!

Till Seraphs swing their snowy Hats—
And Saints—to windows run—
To see the little Tippler
Leaning against the—Sun—

He probado un licor que nunca ha sido—
En Tazones de Perla destilado—
¡Ni siquiera las Cubas del Rhin
Hacen Alcohol así!

Ebria de Aire—estoy—
Embriagada de Rocío—
Me tambaleo—en días interminables de verano—
Por posadas de Azul Desvanecido—

Cuando los «Amos» arrojen a la Abeja borracha
Del umbral de la Dedalera—
Cuando las Mariposas—renuncien al licor—
¡Yo aun más beberé!

Hasta que los Serafines sacudan la nieve de sus Tocados—
Y los Santos—corran a las ventanas—
Para contemplar pequeña a la Beoda
Reclinada en el—Sol—

Safe in their Alabaster Chambers—
Untouched by Morning
And untouched by Noon—
Sleep the meek members of the Resurrection—
Rafter of satin,
And Roof of stone.

Light laughs the breeze
In her Castle above them—
Babbles the Bee in a stolid Ear,
Pipe the Sweet Birds in ignorant cadence—
Ah, what sagacity perished here!

A salvo en sus Moradas de Alabastro—
No tocados por la Aurora
Ni tocados del Mediodía—
Yacen los miembros dóciles de la Resurrección—
Muro de raso,
Y Techo de piedra.

Ligera ríe la brisa
Arriba en su Castillo—
Zumba la Abeja en el impávido Oído,
Los dulces Pájaros entonan ignoradas cadencias—
¡Ay, cuánta sagacidad aquí perece!

I like a look of Agony,
Because I know it's true—
Men do not sham Convulsion,
Nor simulate, a Throe—

The Eyes glaze once—and that is Death—
Impossible to feign
The Beads upon the Forehead
By homely Anguish strung.

Me gusta un asomo de Agonía,
Porque sé que es verdad—
Nadie finge el Espasmo,
Ni simula el Pavor—

En los Ojos se hiela un destello—y es la Muerte—
Imposible falsificar
Las Perlas que enhebra en la Frente
La Angustia cotidiana.

Wild Nights—Wild Nights!
Were I with thee
Wild Nights should be
Our luxury!

Futile—the Winds—
To a Heart in port—
Done with the Compass—
Done with the Chart!

Rowing in Eden—
Ah, the Sea!
Might I but moor—Tonight—
In Thee!

¡Tempestuosas Noches—Noches tempestuosas!
¡Si estuviera contigo
Esas Noches serían
Nuestro deleite!

Vanos—los Vientos—
Para un Corazón en puerto—
¡Nada de Brújulas—
Nada de Mapas!

Remando en el Edén—
¡Ah! ¡el Mar!
¡Si Yo pudiera anclar—esta Noche—
En Ti!

I can wade Grief—
Whole Pools of it—
I'm used to that—
But the least push of Joy
Breaks up my feet—
And I tip—drunken—
Let no Pebble—smile—
'Twas the New Liquor—
That was all!

Power is only Pain—
Stranded, thro' Discipline,
Till Weights—will hang—
Give Balm—to Giants—
And they'll wilt, like Men—
Give Himmaleh—
They'll Carry—Him!

Puedo vadear la Pena—
Aun grandes Charcos—
Estoy tan acostumbrada—
Pero el mínimo impulso de Alegría
Me paraliza—
Y tropiezo—beoda—
Que las Piedras—no rían—
Ha sido el Nuevo Licor—
¡Nada más!

La Fuerza no es sino Dolor—
Amarrado, con Disciplina,
Hasta que los Pesos—sostengan—
Den Bálsamo—a los Gigantes—
Y se marchitarán, como Humanos—
¡Denle el Himalaya—
Y lo llevarán—a Él!

«Hope» is the thing with feathers—
That perches in the soul—
And sings the tune without the words—
And never stops—at all—

And sweetest—in the Gale—is heard—
And sore must be the storm—
That could abash the little Bird
That kept so many warm—

I've heard it in the chillest land—
And on the strangest Sea—
Yet, never, in Extremity,
It asked a crumb—of Me.

«La Esperanza» es esa cosa con plumas—
Que se posa en el alma—
Y canta la melodía sin su letra—
Y nunca se detiene—para nada—

Su sonido es más dulce—con el Viento—
Y resentida ha de ser la tormenta—
Que pudiera derribar al Pajarillo
Que a tantos dio calor—

Le escuché en las tierras más gélidas—
En los Mares más extraños—
Pero jamás, ni en el mayor de los Extremos,
Solicitó una migaja—de Mí.

There's a certain Slant of light,
Winter Afternoons—
That oppresses, like the Heft
Of Cathedral Tunes—

Heavenly Hurt, it gives us—
We can find no scar,
But internal difference,
Where the Meanings, are—

None may teach it—Any—
'Tis the Seal Despair—
An imperial affliction
Sent us of the Air—

When it comes, the Landscape listens—
Shadows—hold their breath—
When it goes, 'tis like the Distance
On the look of Death—

Hay una cierta Inclinación de la luz,
Tardes de Invierno—
Que oprime, como la Gravedad
Del Cántico en los Templos—

Celestial Herida, nos deja—
Sin otra marca
Que la diferencia interior,
Donde las Significaciones se instalan—

Ninguna puede aprenderse—Cualquiera—
Es la Insignia de la Desesperanza—
Poderosa aflicción
Que el Aire nos depara—

Cuando llega, el Paisaje la escucha—
Las Sombras—contienen la respiración—
Cuando se aleja, es como la Distancia
En los ojos de la Muerte—

I felt a Funeral, in my Brain,
And Mourners to and fro
Kept treading—treading—till it seemed
That Sense was breaking through—

And when they all were seated,
A Service, like a Drum—
Kept beating—beating—till I thought
My Mind was going numb—

And then I heard them lift a Box
And creak across my Soul
With those same Boots of Lead, again,
Then Space—began to toll,

As all the Heavens were a Bell,
And Being, but an Ear,
And I, and Silence, some strange Race
Wrecked, solitary, here—

And then a Plank in Reason, broke,
And I dropped down, and down—
And hit a World, at every plunge,
And Finished knowing—then—

Sentí un Funeral en el Cerebro,
Acompañantes que iban y venían
Pasos—pasos tan sonoros—que era
Como si taladraran el Sentido—

Y cuando ya todos estuvieron sentados,
La Ceremonia, como un Tambor—
Sonaba—y sonaba—hasta que me pareció
Que la Mente se entumecía—

Oí entonces cómo levantaban la Caja
Y el crujido que atravesaba mi Alma
Con esas Botas de Plomo, otra vez,
Luego el Espacio—comenzó a tocar a muerto,

Y todos los Cielos eran una Campana,
Y la Existencia, era sólo un Oído,
Y yo, y el Silencio, alguna Raza extraña
Náufraga, solitaria, aquí—

Y luego a la Razón se le partió una Tabla,
Y yo caí, y caí—
Hasta tocar un Mundo, en el descenso,
Y llegué al Final de todo conocimiento—entonces—

I'm Nobody! Who are you?
Are you—Nobody—too?
Then there's a pair of us!
Don't tell! they'd banish us—you know!

How dreary—to be—Somebody!
How public—like a Frog—
To tell your name—the livelong June—
To an admiring Bog!

¡Yo soy Nadie! ¿Quién eres tú?
¿Eres—Nadie—también?
¡Ya somos dos, entonces!
¡No digas nada! ¡Nos desterrarían—ya sabes!

Ser—Alguien—¡Qué funesto!
¡Qué vulgar!—como una Rana—
¡Cantándole tu nombre—día tras día—
A la primera Charca que te admire!

How the old Mountains drip with Sunset
How the Hemlocks burn—
How the Dun Brake is draped in Cinder
By the Wizard Sun—

How the old Steeples hand the Scarlet
Till the Ball is full—
Have I the lip of the Flamingo
That I dare to tell?

Then, how the Fire ebbs like Billows—
Touching all the Grass
With a departing—Sapphire—feature—
As a Duchess passed—

How a small Dusk crawls on the Village
Till the Houses blot
And the odd Flambeau, no men carry
Glimmer on the Street—

How it is Night—in Nest and Kennel—
And where was the Wood—
Just a Dome of Abyss is Bowing
Into Solitude—

These are the Visions flitted Guido—
Titian—never told—
Domenichino dropped his pencil—
Paralyzed, with Gold—

Cómo se empapan de Ocaso las Montañas
Cómo arden las Cicutas—
Cómo el Helecho Pardo es vestido de Ceniza
Por el Mago Sol—

Cómo las viejas Torres sostienen la Escarlata
Hasta que la Bola está llena—
¿Tengo yo el labio del Flamenco
Que me atrevo a contarlo?

Entonces, cómo se retira el Fuego cual Marea—
Tocando toda la Hierba
De un rasgo—de Zafiro—que se aleja—
Tal si hubiera pasado una Duquesa—

Cómo se adentra en el Pueblo un pequeño Crepúsculo
Hasta borrar las Casas
Y la extraña Llama, que ningún hombre lleva
Brilla sobre la Calle—

Cómo se hace la Noche—en Nido y en Perrera—
Y donde estaba el Bosque—
Sólo una Cúpula de Abismo se Inclina
Ante la Soledad—

Son éstas las Visiones que pasan ante Guido—
Que Tiziano—nunca nos cuenta—
Domenichino arrojó el lápiz—
Paralizado, por el Oro—

The Doomed—regard the Sunrise
With different Delight—
Because—when next it burns abroad
They doubt to witness it—

The Man—to die—tomorrow—
Harks for the Meadow Bird—
Because it's Music stirs the Axe
That clamors for his head—

Joyful—to whom the Sunrise
Precedes Enamored—Day—
Joyful—for whom the Meadow Bird
Has ought but Elegy!

Los Condenados—ven en el Alba
Encanto diferente—
Pues—cuando vuelva a mostrar su luz, en otra parte,
Dudan poderla contemplar—

El Hombre—que ha de morir—mañana—
Quiere escuchar el canto del Ave en la Pradera—
Y es que su Melodía dirige el Hacha
Que pide su cabeza—

¡Dichoso—aquel para quien el Alba
Precede Enamorada—al Día—
Dichoso—aquel para quien el Ave en la Pradera
Es todo menos Elegía!

The Soul selects her own Society—
Then—shuts the Door—
To her divine Majority—
Present no more—

Unmoved—she notes the Chariots—pausing—
At her low Gate—
Unmoved—an Emperor be kneeling
Upon her Mat—

I've known her—from an ample nation—
Choose One—
Then—close the Valves of her attention—
Like Stone—

El Alma elige su propia Compañía—
Después—cierra la Puerta—
A su divina Mayoría—
Ausente ya—

Impasible—ve a las Carrozas—detenerse—
Ante su humilde Puerta—
Impasible—así un Emperador se arrodille
Sobre la Estera—

La he visto—entre numerosa grey—
Escoger sólo a Uno—
Y cerrar—luego—la Válvula de su atención
Como una Piedra—

The difference between Despair
And Fear—is like the One
Between the instant of a Wreck—
And when the Wreck has been—

The Mind is smooth—no Motion—
Contented as the Eye
Upon the Forehead of a Bust—
That knows—it cannot see—

La diferencia entre la Desesperación
Y el Miedo—es como la que
Separa el instante del Naufragio—
De un después en que el Naufragio ha sido—

La Mente está tranquila—Inmóvil—
Resignada como el Ojo
Bajo la Frente de un Busto—
Que sabe—que no puede ver—

He fumbles at your Soul
As Players at the Keys
Before they drop full Music on—
He stuns you by degrees—
Prepares your brittle Nature
For the Ethereal Blow
By fainter Hammers—further heard—
Then nearer—Then so slow
Your Breath has time to straighten—
Your Brain—to bubble Cool—
Deals—One—imperial—Thunderbolt—
That scalps your naked Soul—

When Winds take Forests in their Paws—
The Universe—is still—

Juguetea con tu Alma
Como un Pianista con las Teclas
Antes de Arrancarse con una Melodía—
Te asombra poco a poco—
Prepara tu Naturaleza frágil
Para el sonar Etéreo de Trompeta
Con Armonías más suaves—escuchadas de lejos—
Luego más cerca—Y después tan lentas
Que la Respiración tiene tiempo de recuperarse—
El Cerebro—de esponjarse y Templarse—
Asesta—un Único—imperioso—Trueno—
Que escalpa tu Alma desnuda—

Cuando los Vientos apresan los Bosques con sus Garras—
El Universo—queda inmóvil—

Before I got my eye put out
I liked as well to see—
As other Creatures, that have Eyes
And know no other way—

But were it told to me—Today—
That I might have the sky
For mine—I tell you that my Heart
Would split, for size of me—

The Meadows—mine—
The Mountains—mine—
All Forests—Stintless Stars—
As much of Noon as I could take
Between my finite eyes—

The Motions of The Dipping Birds—
The Morning's Amber Road—
For mine—to look at when I liked—
The News would strike me dead—

So safer Guess—with just my soul
Upon the Window pane—
Where other Creatures put their eyes—
Incautious—of the Sun—

Antes de que el ojo me cerraran
Me gustaba también ver—
Como ven otras Criaturas, que tienen Ojos
Y no saben de otros modos—

Pero si me dijeran—Hoy—
Que podía tener el cielo
Para mí—os digo que mi Corazón
Se partiría, no cabría en mí—

Las Praderas—mías—
Las Montañas—mías—
Los Bosques todos—Estrellas sin límite—
Todo el Mediodía que pudiera abarcar
La finitud de mi mirada—

Los Movimientos de los Pájaros al zambullirse—
La Mañana y su Camino de Ámbar—
Todo mío—para mirarlo cuando quiera—
Esas Nuevas podrían matarme—

Así que mejor Adivinar—con sólo mi alma
Apoyada en el cristal de la Ventana—
Dónde ponen sus ojos otras Criaturas—
Que no temen—al Sol—

A Bird came down the Walk—
He did not know I saw—
He bit an Angleworm in halves
And ate the fellow, raw,

And then he drank a Dew
From a convenient Grass—
And then hopped sidewise to the Wall
To let a Beetle pass—

He glanced with rapid eyes
That hurried all around—
They looked like frightened Beads, I thought—
He stirred his Velvet Head

Like one in danger, Cautious,
I offered him a Crumb
And he unrolled his feathers
And rowed him softer home—

Than Oars divide the Ocean,
Too silver for a seam—
Or Butterflies, off Banks of Noon
Leap, plashless as they swim.

Un Pájaro se acercó por el Sendero—
No sabía que yo le estaba viendo—
Partió en dos una Lombriz
Y se comió a la pobre, cruda,

Bebió luego el Rocío
De una Hierba cercana—
Saltó de lado hasta la Tapia
Para ceder el paso a un Escarabajo—

Miró con ojos raudos
Todo a su alrededor—
Parecían las Cuentas asustadas de un collar, pensé—
Agitó el Terciopelo de su Cabeza

Como quien siente el peligro, Cauto,
Le ofrecí unas Miguitas
Y él hinchó su plumaje
Para que le llevara a casa más ligero—

Que los Remos al dividir las Aguas,
Demasiado plateadas para llevar costura—
O que las Mariposas, cuando desde la Orilla del Mediodía
Saltan, y nadan sin salpicadura.

After great pain, a formal feeling comes—
The Nerves sit ceremonious, like Tombs—
The stiff Heart questions was it He, that bore,
And Yesterday, or Centuries before?

The Feet, mechanical, go round—
Of Ground, or Air, or Ought—
A Wooden way
Regardless grown,
A Quartz contentment, like a stone—

This is the Hour of Lead—
Remembered, if outlived,
As Freezing persons, recollect the Snow—
First—Chill—then Stupor—then the letting go—

Después de un gran dolor, viene una emoción solemne—
Los Nervios están ceremoniosos, como Tumbas—
El Corazón rígido pregunta si fue Él quien pudo soportar,
¿Y fue Ayer, o hace Siglos ya?

Los Pies, mecánicos, dan vueltas—
En el Suelo, en el Aire, en el Vacío—
Un camino de Bosque
Crecido con descuido,
Resignación de Cuarzo, como piedra—

Es la Hora de Plomo—
Recordada, si se sobrevive,
Como recuerda la Nieve quien se está Congelando—
Primero—Frío—luego Estupor—después el abandono—

Death sets a Thing significant
The Eye had hurried by
Except a perished Creature
Entreat us tenderly

To ponder little Workmanships
In Crayon, or in Wool,
With «This was last Her fingers did»—
Industrious until—

The Thimble weighed too heavy—
The stitches stopped—themselves—
And then 'twas put among the Dust
Upon the Closet shelves—

A Book I have—a friend gave—
Whose Pencil—here and there—
Had notched the place that pleased Him—
At Rest—His fingers are—

Now—when I read—I read not—
For interrupting Tears—
Obliterate the Etchings
Too Costly for Repairs.

La Muerte torna significante una Cosa
En que el Ojo no se había detenido
A menos que un Ser ya perecido
Nos pida con ternura

Que observemos sus Artesanías
Al Carbón, o con Hilo,
Diciendo: «Fue lo último que tejieron sus dedos»—
No dejó su labor hasta que—

El Dedal se le hizo muy pesado—
Las puntadas se detuvieron—ellas solas—
Y fue entonces colocado entre el Polvo
Sobre los estantes del Armario—

Tengo un Libro—me lo dio un amigo—
Que con el Lápiz—aquí y allá—
Había dibujado en el lugar que más Le complacía—
Descansan ya—Sus dedos—

Ahora—cuando leo—no leo—
Pues la interrupción del Llanto—
Destruye los Grabados
Y hace Costoso Repararlos.

The Morning after Woe—
'Tis frequently the Way—
Surpasses all that rose before—
For utter Jubilee—

As Nature did not care—
And piled her Blossoms on—
And further to parade a Joy
Her Victim stared upon—

The Birds declaim their Tunes—
Pronouncing every word
Like Hammers—Did they know they fell
Like Litanies of Lead—

On here and there—a creature—
They'd modify the Glee
To fit some Crucifixal Clef—
Some Key of Calvary—

La Mañana que sigue al Dolor—
Suele ocurrir así—
Supera a todo lo anterior—
En puro Júbilo—

Como era indiferente la Naturaleza—
Su Florecer siguió—
Y para celebrar esa Alegría
Su Víctima también la contempló—

Los Pájaros declaman su Canción—
Pronuncian todo bien
Como un Mazo—¿Sabían que caían
Como el Plomo de una Letanía?—

Aquí y allá—una criatura—
Cambian entonces el tono de Gozo
Para acompañar en clave de Crucifixión—
Alguna Nota para el Calvario—

There's been a Death, in the Opposite House,
As lately as Today—
I know it, by the numb look
Such Houses have—alway—

The Neighbors rustle in and out—
The Doctor—drives away—
A Window opens like a Pod—
Abrupt—mechanically—

Somebody flings a Mattress out—
The Children hurry by—
They wonder if it died—on that—
I used to—when a Boy—

The Minister—goes stiffly in—
As if the House were His—
And He owned all the Mourners—now—
And little Boys—besides—

And then the Milliner—and the Man
Of the Appalling Trade—
To take the measure of the House—
There'll be that Dark Parade—

Of Tassels—and of Coaches—soon—
It's easy as a Sign—
The Intuition of the News—
In just a Country Town—

Alguien ha Muerto en la Casa de Enfrente,
Ha sido Hoy mismo—
Lo sé, por el aire entumecido
Que tales Casas tienen—siempre—

El murmullo de los Vecinos al entrar y salir—
El Médico—se va—
Una Ventana se abre como si fuera Vaina—
Repentina—mecánica—

Alguien tira un Colchón—
Los Niños pasan corriendo—
Preguntándose si murió—acostado en él—
Yo también me lo preguntaba—de Niño—

El Cura—entra muy tieso—
Como si la Casa fuera Suya—
Y fuera Dueño—ahora—de todos los Dolientes
Y de los Niños—también—

Y luego el Sombrerero—y el Hombre
Del Temible Oficio—
Para tomar medida de la Morada—
Y pasará ese Oscuro Cortejo—

De Borlas—y Carrozas—pronto—
Es fácil como un Signo—
Intuir la Noticia—
En un Pueblo Pequeño—

There is a Languor of the Life
More imminent than Pain—
'Tis Pain's Successor—When the Soul
Has suffered all it can—

A Drowsiness—diffuses—
A Dimness like a Fog
Envelopes Consciousness—
As Mists—obliterate a Crag.

The Surgeon—does not blanch—at pain—
His Habit—is severe—
But tell him that it ceased to feel—
The Creature lying there—

And he will tell you—skill is late—
A Mightier than He—
Has ministered before Him—
There's no Vitality

Hay una Languidez de la Vida
Más inminente que el Dolor—
Es sucesora del Dolor—Cuando el Alma
Ya no puede sufrir más—

Una Somnolencia—se difunde—
Un Ofuscamiento tal Neblina
Envuelve la Conciencia—
Como la Bruma—cubre el Precipicio.

El Médico—no palidece—ante el dolor—
Su Hábito—es severo—
Pero dile que ha dejado de sentir—
La Criatura que ahí yace—

Y te responderá—la ciencia llega tarde—
Quien es más Poderoso—
Ha ejercido ya su Ministerio—
No queda ya Vitalidad

What Soft—Cherubic Creatures—
These Gentlewomen are—
One would as soon assault a Plush—
Or violate a Star—

Such Dimity Convictions—
A Horror so refined
Of freckled Human Nature—
Of Deity—ashamed—

It's such a common—Glory—
A Fisherman's—Degree—
Redemption—Brittle Lady—
Be so—ashamed of Thee—

Qué Suaves—Criaturas Angelicales—
Son estas Damiselas—
Valdría más asaltar un Terciopelo—
O violar a una estrella—

Tales Convicciones de Algodón—
Horror tan refinado
De la Naturaleza Humana más pecosa—
De la Deidad—avergonzada—

Es cosa tan común—la Gloria—
La Licencia—del Pescador—
La Redención—frágil Señora—
Estaría tan—avergonzada de Ti—

The first Day's Night had come—
And grateful that a thing
So terrible—had been endured—
I told my Soul to sing—

She said her Strings were snapt—
Her Bow—to Atoms blown—
And so to mend her—gave me work
Until another Morn—

And then—a Day as huge
As Yesterdays in pairs,
Unrolled it's horror in my face—
Until it blocked my eyes—

My Brain—begun to laugh—
I mumbled—like a fool—
And tho' 'tis Years ago—that Day—
My Brain keeps giggling—still.

And Something's odd—within—
That person that I was—
And this One—do not feel the same—
Could it be Madness—this?

La Noche del primer Día había llegado—
Y agradecida de que una cosa
Tan terrible—hubiera podido soportar—
Pedí a mi Alma que cantara—

Me dijo que sus Cuerdas estaban rotas—
Su Arco—en Átomos descompuesto—
Así que arreglarla—me dio trabajo
Hasta la Mañana siguiente—

Después—un Día tan inmenso
Como Ayeres repetidos,
Desplegó su horror ante mi rostro—
Hasta cegar mis ojos—

Mi Cerebro—estalló en risas—
Yo balbuceaba—como idiota—
Y aunque hace ya Años—de aquel Día—
La risa en mi Cerebro—aún perdura.

Y hay Algo raro—dentro—
Aquella persona que era entonces—
Y la de Ahora—no parecen la misma—
¿Podría ser Locura—lo de ahora?

'Twas like a Maelstrom, with a notch,
That nearer, every Day,
Kept narrowing it's boiling Wheel
Until the Agony

Toyed coolly with the final inch
Of your delirious Hem—
And you dropt, lost,
When something broke—
And let you from a Dream—

As if a Goblin with a Guage—
Kept measuring the Hours—
Until you felt your Second
Weigh, helpless, in his Paws—

And not a Sinew—stirred—could help,
And sense was setting numb—
When God—remembered—and the Fiend
Let go, then, Overcome—

As if your Sentence stood—pronounced—
And you were frozen led
From Dungeon's luxury of Doubt
To Gibbets, and the Dead—

And when the Film had stitched your eyes
A Creature gasped «Reprieve»!
Which Anguish was the utterest—then—
To perish, or to live?

Era como un Remolino, con una abertura,
Que más cerca cada Día,
Iba estrechando su Rueda hirviente
Hasta que la Agonía

Hizo divertimento de la última pulgada
Del Borde delirante de tu vestido—
Y caíste, perdida,
Cuando algo se quebró—
Y te arrancó de un Sueño—

Como si un Duende provisto de Instrumento—
No cesara de medir las Horas—
Hasta que percibieras tu Segundo
Pesar, impotente, entre sus Patas—

Y ni el agitar—de un Tendón—servía de ayuda,
Y el sentido se estaba entumeciendo—
Cuando Dios—se acordó—y el Maldito
Te soltó, entonces, Vencido—

Como si tu Sentencia quedara—ya dictada—
Y te llevaran helada
Desde la Duda opulenta de la Mazmorra
Hacia las Horcas, y los Muertos—

Y cuando la Membrana hubo sellado tus ojos
Alguna Criatura gritó: «¡Indulto!»
¿Qué Angustia era—entonces—más absoluta
Perecer, o vivir?

We grow accustomed to the Dark—
When Light is put away—
As when the Neighbor holds the Lamp
To witness her Goodbye—

A Moment—We uncertain step
For newness of the night—
Then—fit our Vision to the Dark—
And meet the Road—erect—

And so of larger—Darkness—
Those Evenings of the Brain—
When not a Moon disclose a sign—
Or Star—come out—within—

The Bravest—grope a little—
And sometimes hit a Tree
Directly in the Forehead—
But as they learn to see—

Either the Darkness alters—
Or something in the sight
Adjusts itself to Midnight—
And Life steps almost straight.

Nos acostumbramos a la Oscuridad—
Cuando se apaga la Luz—
Como cuando la Vecina sostiene la Lámpara
Para presenciar la Despedida—

Hay un Momento—el Paso es titubeante
Por la novedad de la noche—
Después—acostumbrados los Ojos a la Oscuridad—
Afrontamos el Camino—con firmeza—

Y así es en las más densas—Oscuridades—
Esas Noches de la Mente—
Cuando no hay Luna que nos dé un signo—
O Estrella—que salga—de ahí dentro—

Los más Valientes—avanzan a tientas—
Y a veces se dan contra un Árbol
Directamente en la Frente—
Pero a medida que aprenden a ver—

O bien la Oscuridad se altera—
O algo en la vista
Se adapta a la Noche cerrada—
Y la Vida camina casi recta.

Good Morning—Midnight—
I'm coming Home—
Day—got tired of Me—
How could I—of Him?

Sunshine was a sweet place—
I liked to stay—
But Morn—did'nt want me—now—
So—Goodnight—Day!

I can look—can't I—
When the East is Red?
The Hills—have a way—then—
That puts the Heart—abroad—

You—are not so fair—Midnight—
I chose—Day—
But—please take a little Girl—
He turned away!

¡Buenos Días—Medianoche—
Ya vuelvo a Casa—
El Día—se cansó de Mí—
¿Cómo podría yo—de Él?

El Sol y su Luz era dulce lugar—
Me gustaba permanecer allí—
Pero la Mañana—no me quería—ya—
¡Así que—Buenas Noches—Día!

Puedo mirar—¿verdad?—
Cuando el Este está Rojo
Los Montes—tienen algo—en ese instante—
Que hace del Corazón—un extranjero—

No eres—muy razonable—Medianoche—
Yo elegí—el Día—
Pero—por favor acepta a esta Niña—
¡Se dio media vuelta y se fue!

Much Madness is divinest Sense—
To a discerning Eye—
Much Sense—the starkest Madness—
'Tis the Majority
In this, as All, prevail—
Assent—and you are sane—
Demur—you're straightway dangerous—
And handled with a Chain—

Es la mucha Locura la mayor Sensatez—
Para un Ojo sagaz—
Mucha Sensatez—es Locura absoluta—
Es la Mayoría
En esto, como en Todo, prevalece—
Asiente—y serás cuerdo—
Disiente—y de inmediato serás el peligroso—
Y te pondrán Cadenas—

This is my letter to the World
That never wrote to Me—
The simple News that Nature told—
With tender Majesty

Her Message is committed
To Hands I cannot see—
For love of Her—Sweet—countrymen—
Judge tenderly—of Me

Ésta es mi carta al Mundo
Que nunca Me escribió—
Noticias muy sencillas que trajo la Naturaleza—
Con suave Majestad

En Manos que no veo
Su Mensaje dejó—
Por el amor de Ella—mis Dulces—paisanos—
Juzgadme—sin dureza.

This was a Poet—It is That
Distills amazing sense
From ordinary Meanings—
And Attar so inmense

From the familiar species
That perished by the Door—
We wonder it was not Ourselves
Arrested it—before—

Of Pictures, the Discloser—
The Poet—it is He—
Entitles Us—by Contrast—
To ceaseless Poverty—

Of Portion—so unconscious—
The Robbing—could not harm—
Himself—to Him—a Fortune—
Exterior—to Time—

Éste era un Poeta—Es Aquel
Que extrae asombrosos sentidos
De los Significados más comunes—
Y una Esencia tan fuerte

De las especies más conocidas
que a nuestras Puertas perecieron—
Nos preguntamos si no fuimos Nosotros
Quienes las capturamos—antes—

De Imágenes, el Desvelador—
El Poeta—Él es—
El que Nos da Derecho—por Contraste—
A la Pobreza Eterna—

De Fragmento—tan inconsciente—
El Apropiarnos—no podría hacerle daño—
A Él—para Él—una Fortuna—
Ajena—al Tiempo—

I died for Beauty—but was scarce
Adjusted in the Tomb
When One who died for Truth, was lain
In an adjoining Room—

He questioned softly «Why I failed»?
«For Beauty», I replied—
«And I—for Truth—Themself are One—
We Brethren, are», He said—

And so, as Kinsmen, met a Night—
We talked between the Rooms—
Until the Moss had reached our lips—
And covered up—our names—

Morí por la Belleza—pero apenas
En la Tumba yacía
Cuando a Uno que murió por la Verdad dejaron
En la Estancia contigua—

Me preguntó en voz baja la causa de mi muerte.
«Por la Belleza», dije—
«Y yo—por la Verdad—las Dos son Una sola—
Somos Hermanos», dijo—

Así, como Allegados que de Noche se encuentran—
Hablamos a través de los Muros—
Hasta que el Musgo hubo alcanzado nuestros labios—
Y cubierto—nuestros nombres—

The Outer—from the Inner
Derives it's Magnitude—
'Tis Duke, or Dwarf, according
As is the Central Mood—

The fine—unvarying Axis
That regulates the Wheel—
Though Spokes—spin—more conspicuous
And fling a dust—the while.

The Inner—paints the Outer—
The Brush without the Hand—
It's Picture publishes—precise—
As is the inner Brand—

On fine—Arterial Canvas—
A Cheek—perchance a Brow—
The Star's whole Secret—in the Lake—
Eyes were not meant to know.

El Exterior—del Interior
Obtiene su Grandeza—
Es Duque o es Enano, depende
Del Humor Central—

Fino—Eje invariable
Que regula la Rueda—
Aunque los Radios—giren—más visibles
Y lancen una brizna de polvo—mientras tanto.

El Interior—pinta el Exterior—
El Pincel sin la Mano—
Muestra el Cuadro—preciso—
Y es su Marca interior—

En delicado—Arterial Lienzo—
Una Mejilla—quizás una Ceja—
El Secreto todo de la Estrella—en el Lago—
El Ojo no estaba destinado a conocer.

A Wife—at Daybreak I shall be—
Sunrise—Hast thou a Flag for me?
At Midnight, I am but a Maid,
How short it takes to make it Bride—
Then—Midnight, I have passed from thee
Unto the East, and Victory—

Midnight—Good Night! I hear them call,
The Angels bustle in the Hall—
Softly my Future climbs the Stair,
I fumble at my Childhood's prayer
So soon to be a Child no more—
Eternity, I'm coming—Sir,
Savior—I've seen the face—before!

Esposa—seré al romper el Día—
Amanecer—¿tienes una Bandera para mí?
A Medianoche, no soy más que Doncella,
Qué breve tiempo lleva hacerse Novia—
Y así—Medianoche, me he ido de ti
Al Este, a la Victoria—

Medianoche—¡Buenas Noches! Les oigo decir,
Los Ángeles trasiegan bulliciosos por el Hall—
Sigiloso, mi Futuro sube la Escalera,
Balbuceo las plegarias de la Infancia
A punto ya de dejar de ser Niña—
Eternidad, ya voy—Señor,
¡Salvador—he visto ya ese rostro—en ocasiones!

I heard a Fly buzz—when I died—
The Stillness in the Room
Was like the Stillness in the Air—
Between the Heaves of Storm—

The Eyes around—had wrung them dry—
And Breaths were gathering firm
For that last Onset—when the King
Be witnessed—in the Room—

I willed my Keepsakes—Signed away
What portion of me be
Assignable—and then it was
There interposed a Fly—

With Blue—uncertain stumbling Buzz—
Between the light—and me—
And then the Windows failed—and then
I could not see to see—

Al morirme—una Mosca oí zumbar—
En el Cuarto, la Calma
Era como esa Quietud que hay en el Aire—
Entre dos Golpes de Tormenta—

A mi alrededor—Ojos ya sin lágrimas—
Y todos contenían el Aliento
Para ese último Asalto—cuando el Rey
Entrara—ya en el Aposento—

Hice legado de mis Recuerdos—y Cedí
La parte que de mí quedaba
Aún por Asignar—y fue entonces
Cuando se interpuso una Mosca—

Con un zumbido Azul—incierto y vacilante—
Entre la luz—y yo—
Y luego bajaron las Ventanas—y ya
No se veía para ver—

The Red—Blaze—is the Morning—
The Violet—is Noon—
The Yellow—Day—is falling—
And after that—is none—

But Miles of Sparks—at Evening—
Reveal the Width that burned—
The Territory Argent—that
Never yet—consumed—

La Roja—Llama—es la Mañana—
La Violeta—es Mediodía—
La Amarilla—el Día—en su caída—
Y después—ya no hay luz—

Sino Millas de Chispas—en las Noches—
Que revelan la Inmensidad quemada—
El Territorio Argento—que
Nunca hasta aquí—se consumió—

She dealt her pretty words like Blades—
How glittering they shone—
And every One unbared a Nerve
Or wantoned with a Bone—

She never deemed—she hurt—
That—is not Steel's Affair—
A vulgar grimace in the Flesh—
How ill the Creatures bear—

To Ache is human—not polite—
The Film upon the eye
Mortality's old Custom—
Just locking up—to Die.

Ella manejaba sus bellas palabras como Espadas—
Qué brillo desprendían—
Y cada Una descubría un Nervio
O hacía alardes con un Hueso—

Nunca consideraba—que hacía daño—
Eso—no incumbe en absoluto al Hierro—
Un vulgar gesto en la Carne—
Es algo que las Gentes llevan mal—

El Dolor es humano—no cortés—
La Membrana que recubre el ojo
Costumbre vieja del Mortal—
Cuando se dispone a cerrar—para Morir.

Myself was formed—a Carpenter—
An unpretending time
My Plane—and I, together wrought
Before a Builder came—

To measure our attainments—
Had we the Art of Boards
Sufficiently developed—He'd hire us
At Halves—

My Tools took Human—Faces—
The Bench, where we had toiled—
Against the Man—persuaded—
We—Temples Build—I said—

Yo me hice—Carpintero—
En tiempos sin alarde
Mi Cepillo—y yo, juntos trabajamos
Antes de que viniera el Arquitecto—

A medir nuestros logros—
Si teníamos el Arte del Tablero
Ya bien desarrollado—Él nos contrataría
A medias a los dos—

Mis Herramientas Rostro—Humano—adoptaron—
El Banco, en que nos afanáramos—
Todos contra el Hombre—persuadidos—
Nosotros—Construimos Templos—yo le dije—

This World is not Conclusion.
A Species stands beyond—
Invisible, as Music—
But positive, as Sound—
It beckons, and it baffles—
Philosophy—don't know—
And through a Riddle, at the last—
Sagacity, must go—
To guess it, puzzles scholars—
To gain it, Men have borne
Contempt of Generations
And Crucifixion, shown—
Faith slips—and laughs, and rallies—
Blushes, if any see—
Plucks at a twig of Evidence—
And asks a Vane, the way—
Much Gesture, from the Pulpit—
Strong Hallelujahs roll—
Narcotics cannot still the Tooth
That nibbles at the soul—

No es este Mundo Conclusión.
Otra Especie pervive más allá—
Invisible, cual Música—
Pero positiva, como es el Sonido—
Solicita, y desconcierta—
Filosofía—no sabe—
Y a través de un Enigma, al final—
La Sagacidad, ha de acudir—
A desvelarlo, confunde al erudito—
Para lograrlo, han sufrido los Hombres
El Desprecio de Generaciones
Y la Crucifixión, ha mostrado—
Que la Fe es esquiva—y ríe y se burla—
Se ruboriza, si alguien la ve—
Arranca una rama a la Evidencia—
Y pregunta el camino a la Veleta—
Gesticula con exageración desde el Púlpito—
Resuena con insistencia el Aleluya—
No hay Narcótico que aquiete al Diente
Que va royendo el alma—

I would not paint—a picture—
I'd rather be the One
Its bright impossibility
To dwell—delicious—on—
And wonder how the fingers feel
Whose rare—celestial—stir—
Evokes so sweet a Torment—
Such sumptuous—Despair—

I would not talk, like Cornets—
I'd rather be the One
Raised softly to the Ceilings—
And out, and easy on—
Through Villages of Ether—
Myself endued Balloon
By but a lip of Metal—
The pier to my Pontoon—

Nor would I be a Poet—
It's finer—own the Ear—
Enamored—impotent—content—
The License to revere,
A privilege so awful
What would the Dower be,
Had I the Art to stun myself
With Bolts of Melody!

Yo no pintaría—un cuadro—
Preferiría ser Quien
Su brillante imposibilidad
Contemplase—con deleite—
Y se preguntara qué sienten los dedos
Cuya rara—celestial—emoción—
Evoca tan dulce Tormento—
Tan suntuosa—Desesperación—

Y no hablaría, como las Cornetas—
Preferiría ser yo a Quien
Alzasen muy suavemente hasta el Techo—
Y afuera, para avanzar despacio—
Sobre Pueblos de Éter—
Convertida ya en Globo
Por sólo un labio de Metal—
El dique que condujera a mi Pontón—

Ni sería Poeta—
Es mejor—poseer un Oído—
Enamorado—impotente—contento—
Licencia para venerar,
Privilegio tan atroz
¡Cuál sería la Dote,
Si tuviera yo el Arte de anonadarme
Con Relámpagos de Melodía!

She sights a Bird—she chuckles—
She flattens—then she crawls—
She runs without the look of feet—
Her eyes increase to Balls—

Her Jaws stir—twitching—hungry—
Her Teeth can hardly stand—
She leaps, but Robin leaped the first—
Ah, Pussy, of the Sand,

The Hopes so juicy ripening—
You almost bathed your Tongue—
When Bliss disclosed a hundred Toes—
And fled with every one—

Observa a un Pájaro—se ríe sardónica—
Se estira—avanza arrastrándose—
Corre como si no tuviera patas—
Sus ojos se agrandan como Globos—

Temblor en las mandíbulas—crispadas—hambrientas—
Los Dientes casi no pueden aguantar—
Da un salto, pero el Tordo saltó primero—
Ay, Gatita, de la Arena,

Suculentas Esperanzas madurando—
Casi te bañan la Lengua—
Entonces el Deleite le otorgó cien Pies—
Y llevada por todos ellos rauda se alejó—

I'm ceded—I've stopped being Their's—
The name They dropped upon my face
With water, in the country church
Is finished using, now,
And They can put it with my Dolls,
My childhood, and the string of spools,
I've finished threading—too—

Baptized, before, without the choice,
But this time, consciously, of Grace—
Unto supremest name—
Called to my Full—The Crescent dropped—
Existence's whole Arc, filled up,
With one small Diadem.

My second Rank—too small the first—
Crowned—Crowing—on my Father's breast—
A half unconscious Queen—
But this time—Adequate—Erect,
With Will to choose, or to reject,
And I choose, just a Crown—

Cedida—he dejado ya de Pertenecerles—
El nombre que Hicieron caer sobre mi frente
Con el agua, en la iglesia del pueblo
No ha de usarse más, desde ahora,
Pueden ponerlo junto a mis Muñecas,
Con mi infancia, y las bobinas de hilo
Que—también—he dejado de enhebrar—

Bautizada, antes, sin la opción de elegir,
Pero esta vez, consciente, de la Gracia—
Ante el nombre supremo—
Llamada toda Yo—El Creciente desciende—
Y llena el Arco todo de la Existencia,
Con una pequeña Diadema.

Mi segundo Rango—el primero era insignificante—
Me coronó—con alarde—sobre el pecho del Padre—
Reina casi inconsciente—
Pero esta vez—Preparada—Erguida,
Con Poder de elegir, o rechazar,
Yo elijo, sólo una Corona—

It was not Death, for I stood up,
And all the Dead, lie down—
It was not Night, for all the Bells
Put out their Tongues, for Noon.

It was not Frost, for on my Flesh
I felt Siroccos—crawl—
Nor Fire—for just my Marble feet
Could keep a Chancel, cool—

And yet, it tasted, like them all,
The Figures I have seen
Set orderly, for Burial,
Reminded me, of mine—

As if my life were shaven,
And fitted to a frame,
And could not breathe without a key,
And 'twas like Midnight, some—

When everything that ticked—has stopped—
And Space stares all around—
Or Grisly frosts—first Autumn morns,
Repeal the Beating Ground—

But, most, like Chaos—Stopless—cool—
Without a Chance, or Spar—
Or even a Report of Land—
To justify—Despair.

No era la Muerte, pues yo seguía erguida,
Y todos los Muertos, permanecen tendidos—
No era la Noche, pues todas las Campanas
Sacaban la Lengua, al Mediodía.

No era Escarcha, pues en mi Carne
Sentí que me invadían—los Sirocos—
Ni Fuego—pues con mis pies de Mármol
Podía refrescar un Presbiterio—

Y sin embargo, tenía el mismo sabor,
Las Figuras que he visto
En fila, como para su Entierro,
Me recordaban el mío—

Como si mi vida estuviera recortada,
Encajada en un marco,
Y no pudiera respirar sin una llave,
Y era como la Noche, igual—

Cuando todo lo que estaba vivo—se detiene—
Y el Espacio mira con insistencia alrededor—
O los hielos Inertes—en las primeras mañanas del Otoño,
Repelen el Latido de la Tierra—

Pero, tan cerca del Caos—Imparable—ausente—
Sin Salvación, ni Mástil—
Sin siquiera Noticias de la Tierra—
Que justifiquen—la Desesperación.

The Soul has Bandaged moments—
When too appalled to stir—
She feels some ghastly Fright come up
And stop to look at her—

Salute her—with long fingers—
Caress her freezing hair—
Sip, Goblin, from the very lips
The Lover—hovered—o'er—
Unworthy, that a thought so mean
Accost a Theme—so—fair—

The soul has moments of Escape—
When bursting all the doors—
She dances like a Bomb, abroad,
And swings upon the Hours,

As do the Bee—delirious borne—
Long Dungeoned from his Rose—
Touch Liberty—then know no more,
But Noon, and Paradise—

The Soul's retaken moments—
When, Felon led along,
With shackles on the plumed feet,
And staples, in the Song,

The Horror welcomes her, again,
These, are not brayed of Tongue—

El Alma tiene momentos de Atadura—
Cuando demasiado asustada para moverse—
Un Pavor espectral siente se va acercando
Y se detiene para contemplarla—

La saluda—con dedos alargados—
Acaricia su pelo frío—
Sorbe, Duende, de los mismos labios
Que el Amante—buscaba—
Indigno, que pensamiento tan bajo
Aborde un Tema—tan—puro—

El alma tiene momentos de Huida—
Cuando violentando todas las puertas—
Baila como un Cohete, escapa,
Y se columpia sobre las Horas,

Como hace la Abeja—llevada del delirio—
Cuando, largamente Apartada de la Rosa—
Toca la Libertad—y luego no conoce nada más,
Sólo el Mediodía, y el Paraíso—

Los momentos recuperados del Alma—
Cuando, Villana conducida
Con grilletes en los pies de pluma,
Y argollas en la Canción,

El Horror, de nuevo, le da la bienvenida,
Y no son las discordancias de la Lengua—

I started Early—Took my Dog—
And visited the Sea—
The Mermaids in the Basement
Came out to look at me—

And Frigates—in the Upper Floor
Extended Hempen Hands—
Presuming Me to be a Mouse—
Aground—upon the Sands—

But no Man moved Me—till the Tide
Went past my simple Shoe—
And past my Apron—and my Belt
And past my Bodice—too—

And made as He would eat me up—
As wholly as a Dew
Upon a Dandelion's Sleeve—
And then—I started—too—

And He—He followed—close behind—
I felt His Silver Heel
Upon my Ankle—Then my Shoes
Would overflow with Pearl—

Until We met the Solid Town—
No One He seemed to know—
And bowing—with a Mighty look—
At me—The Sea withdrew—

Salí temprano—con mi Perro—
Y fui a visitar el Mar—
Las Sirenas del Sótano
Subieron para verme—

Y las Fragatas—del Piso de Arriba—
Extendieron su Mano de Cáñamo—
Creyendo que yo era un Barrilete—
Encallado—en la Arena—

Pero Nadie me movió de allí—hasta que la Marea
Pasó por encima de mi simple Zapato—
Cubrió mi Delantal—llegó hasta el Cinturón
Y rebasó el Corpiño—también—

Hizo como si fuese a devorarme—
De un bocado, cual gota de Rocío
Sobre una Rama de Amargón—
Y entonces—Yo—también—eché a andar—

Y Él—Él me siguió—de cerca—
Sentí Su Talón de Plata
Rozándome el Tobillo—y entonces mis Zapatos
Rebosaron de Perlas—

Y así llegamos al Pueblo en Tierra Firme—
No parecía conocer Él a Nadie—
Y con una reverencia—y una mirada Intensa—
Que me dirigió—El Mar se retiró—

I tried to think a lonelier Thing
Than any I had seen—
Some Polar Expiation—An Omen in the Bone
Of Death's tremendous nearness—

I probed Retrieveless things
My Duplicate—to borrow—
A Haggard Comfort springs

From the belief that Somewhere—
Within the Clutch of Thought—
There dwells one other Greature
Of Heavenly Love—forgot—

I plucked at our Partition
As One should pry the Walls—
Between Himself—and Horror's Twin—
Within Opposing Cells—

I almost strove to clasp his Hand,
Such Luxury—it grew—
That as Myself—could pity Him—
Perhaps he—pitied me—

532

Traté de pensar en Algo más desolado
Aun que lo ya visto—
Alguna Expiación Polar—un Presagio en el Hueso
De la tremenda cercanía de la Muerte—

Indagué en todo lo ya Irrecuperable
Mi Doble—para tomar en préstamo—
Un flaco Consuelo procura

La convicción de que en Alguna parte—
Al alcance aún del Pensamiento—
Habita todavía otra Criatura
De Amor Celestial—olvidada—

Me aferré a nuestra División
Como quien sostiene el Muro—
Que separa a Uno mismo—del Gemelo del Horror—
Que está en Celda contigua—

Casi me esforcé por sujetar su Mano,
Tanto Lujo—aumentó—
Pues como Yo—podía compadecerle—
Quizá Él también—me compadecería—

The Province of the Saved
Should be the Art—To save—
Through Skill obtained in themselves—
The Science of the Grave

No Man can understand
But He that hath endured
The Dissolution—in Himself—
That man—be qualified

To qualify Despair
To Those who failing new—
Mistake Defeat for Death—Each time—
Till acclimated—to—

El Reino de quienes se Salvaron
Habría de ser el Arte—de Salvar—
Mediante el Oficio en ellos aprendido—
La Ciencia de la Sepultura

No hay Hombre que pueda comprenderla
Si no es Aquel que ha padecido
La Disolución—del propio Ser—
Ese hombre—estará autorizado

Para autorizar la Desesperanza
De Aquellos que cuando empiezan a desfallecer—
Confunden la Derrota con la Muerte—Una y Otra vez—
Hasta aclimatarse—a ella—

I've seen a Dying Eye
Run round and round a Room—
In search of Something—as it seemed—
Then Cloudier become—
And then—obscure with Fog—
And then—be soldered down
Without disclosing what it be
'Twere blessed to have seen—

He visto a un Ojo Moribundo
Recorrer una y otra vez la Habitación—
En busca de Algo—parecía—
Que luego más Nublado se tornaba—
Después—denso como la Niebla—
Y luego—quedar soldado en la negrura
Sin desvelar qué pudiera ser
Lo que era bendición el contemplar—

The Brain, within its Groove
Runs evenly—and true—
But let a Splinter swerve—
'Twere easier for You—

To put a Current back—
When Floods have slit the Hills—
And scooped a Turnpike for Themselves—
And trodden out the Mills—

El Cerebro, sin salirse del Surco
Corre firme—y verdadero—
Pero sólo con que una Esquirla se desvíe—
Te sería más fácil—

Devolver a su cauce una Corriente—
Después que la Inundación separara Montañas—
Arrastrara ella Sola Carreteras—
Y pisoteara todas las Fábricas—

I measure every Grief I meet
With narrow, probing, Eyes—
I wonder if It weighs like Mine—
Or has an Easier size.

I wonder if They bore it long—
Or did it just begin—
I could not tell the Date of Mine—
It feels so old a pain—

I wonder if it hurts to live—
And if They have to try—
And whether—could They choose between—
It would not be—to die—

I note that Some—gone patient long—
At length, renew their smile—
An imitation of a Light
That has so little Oil—

I wonder if when Years have piled—
Some Thousands—on the Harm—
That hurt them early—such a lapse
Could give them any Balm—

Or would they go on aching still
Through Centuries of Nerve—
Enlightened to a larger Pain—
In Contrast with the Love—

Yo mido toda Pena que me encuentro
Con Ojos inquisidores y atentos—
Me pregunto si pesa como pesa la Mía—
O si es de tamaño Llevadero.

Me pregunto si la sobrellevaron largo tiempo—
O si es muy reciente—
Yo no sabría decir la Fecha de la Mía—
La siento tan antigua—

Me pregunto si es doloroso estar vivo—
Y si Ellos han de hacer la prueba—
Y si—pudiendo elegir—
No eligirían—morir—

Advierto que Algunos—con acopio de paciencia—
Al cabo, renuevan la sonrisa—
Imitación de una Lámpara
A la que queda ya muy poco Aceite—

Me pregunto si transcurridos largos Años—
Miles—que se acumulan en la Herida—
Que les dolió muy pronto—el lapso
Puede proporcionar un Bálsamo—

O si seguirían sintiendo aún el dolor
Tras Siglos en el Nervio—
Iluminados a un Dolor más grande—
Que Contrasta con el Amor—

The Grieved—are many—I am told—
There is the various Cause—
Death—is but one—and comes but once—
And only nails the eyes—

There's Grief of Want—and Grief of Cold—
A sort they call «Despair»—
There's Banishment from native Eyes—
In sight of Native Air—

And though I may not guess the kind—
Correctly—yet to me
A piercing Comfort it affords
In passing Calvary—

To note the fashions—of the Cross—
And how they're mostly worn—
Still fascinated to presume
That Some—are like My Own—

Los Apenados—son muchos—me dicen—
Las Causas muy diversas—
La Muerte—es una—y llega sólo una vez—
Y cierra con un clavo los ojos—

Hay un Dolor que es de Carencia—y un Dolor de Frío—
Una clase que llaman «Desesperación»—
Hay un Destierro que te Aleja de los Tuyos—
Aun pudiendo respirar el Aire Propio—

Y aunque no logro adivinar la especie—
Sin Error—aun para mí
Supone un penetrante Alivio
Al pasar el Calvario—

Reconocer las formas—de la Cruz—
Los modos de llevarla—
Y aún me fascina suponer
Que Algunos—se asemejan al Mío—

I had been hungry, all the Years—
My Noon had Come—to dine—
I trembling drew the Table near—
And touched the Curious Wine—

'Twas this on Tables I had seen—
When turning, hungry, Home
I looked in Windows, for the Wealth
I could not hope—for Mine—

I did not know the ample Bread—
'Twas so unlike the Crumb
The Birds and I, had often shared
In Nature's—Dining Room—

The Plenty hurt me—'twas so new—
Myself felt ill—and odd—
As Berry—of a Mountain Bush—
Transplanted—to the Road—

Nor was I hungry—so I found
That Hunger—was a way
Of Persons outside Windows—
The Entering—takes away—

Había sentido hambre, largos Años—
Pero mi Mediodía llegó—y su comida—
Temblando acerqué la Mesa—
Y toqué el Curioso Vino—

Era lo que sobre las Mesas había visto—
Cuando volviendo, hambrienta, a Casa
Miraba tras las Ventanas la Abundancia
Que no podía pretenderse—Mía—

No reconocí la enorme Hogaza—
Tan distinta de las Migajas
Que los Pájaros y Yo, compartíamos
En el Comedor—de la Naturaleza—

El Exceso me dolió—era tan nuevo—
Me sentí enferma—extraña—
Como una fruta—de un Zarzal Salvaje—
Que fuera transplantada—hasta la Carretera—

Ni siquiera sentía gana—y descubrí
Que el Hambre—era un estado
Propio de Quienes miran desde afuera—
Y que al Entrar—se pierde—

I think I was enchanted
When first a sombre Girl—
I read that Foreign Lady—
The Dark—felt beautiful—

And whether it was noon at night—
Or only Heaven—at Noon—
For very Lunacy of Light
I had not power to tell—

The Bees—became as Butterflies—
The Butterfiies—as Swans—
Approached—and spurned the narrow Grass—
And just the meanest Tunes

That Nature murmured to herself
To keep herself in Cheer—
I took for Giants—practising
Titanic Opera—

The Days—to Mighty Metres stept—
The Homeliest—adorned
As if unto a Jubilee
'Twere suddenly confirmed—

I could not have defined the change—
Conversion of the Mind
Like Sanctifying in the Soul—
Is witnessed—not explained—

Yo creo que estaba embrujada
Cuando al principio era una Joven sombría—
Y leí que aquella Dama Extranjera—
La Oscura—se sentía hermosa—

Y si la mañana era la noche—
O sólo el Cielo—a Mediodía—
Por pura Locura de Luz
No lo podía discernir—

Las Abejas—se convertían en Mariposas—
Las Mariposas—en Cisnes—
Se acercaban—y despreciaban la Hierba fina—
Y hasta las Canciones más humildes

Que la Naturaleza murmuraba para sí
Con el fin de mantenerse Alegre—
Yo tomaba por Gigantes—ensayando
Una Ópera Titánica—

Los Días—en Poderosos Metros transformados—
Los menos Agraciados—engalanados
Como si un Jubileo
Se hubiera de repente confirmado—

No hubiera podido definir el cambio—
La Conversión de la Mente
Como la Santificación en el Alma—
Se experimenta—no se explica—

'Twas a Divine Insanity—
The Danger to be Sane
Should I again experience—
'Tis Antidote to turn—

To Tomes of solid Witchcraft—
Magicians be asleep—
But Magic—hath an Element
Like Deity—to keep—

Fue una Demencia Divina—
Si el Peligro de estar Cuerdo
Volviera a Experimentar—
Es el Antídoto para volver—

A Volúmenes de pura Brujería—
Aun estando los Magos dormidos—
Tiene la Magia—un Elemento
De Deidad—que se ha de atesorar—

There is a pain—so utter—
It swallows substance up—
Then covers the Abyss with Trance—
So Memory can step

Around—across—upon it—
As one within a Swoon—
Goes safely—where an open eye—
Would drop Him—Bone by Bone.

Hay un dolor—tan poderoso—
Que toda substancia devora—
Después cubre el Abismo de Trance—
Para que la Memoria pueda

Rodearlo—cruzarlo—escalarlo—
Como quien en un Desmayo—
Se deja caer sin peligro—ahí donde un ojo despierto—
Le depositaría—Hueso a Hueso.

A still—Volcano—Life—
That flickered in the night—
When it was dark enough to do
Without erasing sight—

A quiet—Earthquake style—
Too subtle to suspect
By natures this side Naples—
The North cannot detect

The Solemn—Torrid—Symbol—
The lips that never lie—
Whose hissing Corals part—and shut—
And Cities—ooze away—

601

Un Volcán—apagado—la Vida—
Que brillaba mortecino en la noche—
Cuando la oscuridad no podía
Impedir que la vista se borrase—

Un Estilo—cual Terremoto—callado—
Demasiado sutil para despertar las sospechas
De quienes habitan a este lado de Nápoles—
El Norte no es capaz de detectar

El Símbolo—Solemne—Tórrido—
Los labios que nunca mienten—
Corales sibilantes que se abren—y cierran—
Y Ciudades—que rezuman y desaparecen—

The Spider holds a Silver Ball
In unperceived Hands—
And dancing softly to Himself
His Yarn of Pearl—unwinds—

He plies from Nought to Nought—
In unsubstantial Trade—
Supplants our Tapestries with His—
In half the period—

An Hour to rear supreme
His Continents of Light—
Then dangle from the Housewife's Broom—
His Boundaries—forgot—

La Araña sostiene un Ovillo de Plata
En su Mano invisible—
Y mientras baila despacio para Sí
Su Hilo de Perla—ella Devana—

Aplicada va de Nada a Nada—
Insustancial Industria—
Que suplanta nuestros Tapices con el Suyo—
En la mitad de tiempo—

Una Hora para alzar supremos
Sus Continentes de Luz—
Después el Ama de Casa hará colgar de la Escoba—
Esos Confines—ya olvidados—

Of nearness to her sundered Things
The Soul has special times—
When Dimness—looks the Oddity—
Distinctness—easy—seems—

The Shapes we buried, dwell about,
Familiar, in the Rooms—
Untarnished by the Sepulchre,
The Mouldering Playmate comes—

In just the Jacket that he wore—
Long buttoned in the Mold
Since we—old mornings, Children—played—
Divided—by a world—

The Grave yields back her Robberies—
The Years, our pilfered Things—
Bright Knots of Apparitions
Salute us, with their wings—

As we—it were—that perished—
Themself—had just remained till we rejoin them—
And 'twas they, and not ourself
That mourned.

De cercanía a sus Cosas alejadas
El Alma tiene temporadas especiales—
En las que la Oscuridad—parece la Rareza—
La Claridad—fácil—resulta—

Las Formas que enterramos, habitan por doquier,
Familiares, en las Habitaciones—
Sin mancha del Sepulcro,
El Compañero de Juegos Consumido regresa—

Con la misma Chaqueta que llevaba—
Abotonada hace mucho en el Molde
Desde que los dos—mañanas viejas, de Niños—
jugábamos—
Divididos—por un mundo—

La Tumba devuelve lo Hurtado—
Los Años, nuestras Cosas robadas—
Nudos de Apariciones resplandecen
Y nos saludan, con sus alas—

Como si—fuéramos nosotros—perecidos—
Y Ellos—los que aguardaban el reencuentro—
Y fueran ellos, y no nosotros,
Quienes vivieron el duelo.

I Years had been from Home
And now before the Door
I dared not enter, lest a Face
I never saw before

Stare stolid into mine
And ask my Business there—
«My Business but a Life I left
Was such remaining there?»

I leaned upon the Awe—
I lingered with Before—
The Second like an Ocean rolled
And broke against my ear—

I laughed a crumbling Laugh
That I could fear a Door
Who Consternation compassed
And never winced before.

I fitted to the Latch
My Hand, with trembling care
Lest back the awful Door should spring
And leave me in the Floor—

Then moved my Fingers off
As cautiously as Glass
And held my ears, and like a Thief
Fled gasping from the House—

Lejos de casa estuve muchos Años
Y ante la Puerta ahora
A entrar yo no me atrevo, no sea que un Rostro
Que nunca había visto

Me mire imperturbable
Y me pregunte Qué hago allí—
«Busco sólo una Vida que dejé
¿Seguirá por aquí?»

Me apoyé en el Temor—
Me detuve en el Antes—
El Segundo avanzó como un Océano
Y rompió en mi oído—

Solté una sonora Carcajada
Tenerle miedo a una Puerta
Yo que la Consternación había conocido
Y jamás retrocedí.

Ajusté mi Mano
Al Picaporte, con vacilante esmero
No fuera que la temible Puerta se abriera de golpe
Dejándome en el Suelo—

Luego retiré los Dedos
Con el mismo cuidado que si fueran Cristal
Me tapé los oídos, y al igual que un Ladrón
Huí jadeante de la Casa—

They shut me up in Prose—
As when a Little Girl
They put me in the Closet—
Because they liked me «still»—

Still! Could themself have peeped—
And seen my Brain—go round—
They might as wise have lodged a Bird
For Treason—in the Pound—

Himself has but to will
And easy as a Star
Look down upon Captivity—
And laugh—No more have I—

613

Encerrada me tienen en la Prosa—
Como cuando era Niña
Y me metían en el Armario—
Porque me querían «quieta»—

¡Quieta! Si se hubieran asomado—
A mi cerebro, hubieran visto—tanto movimiento—
Más les valdría haber condenado a un Pájaro
Por Alta Traición—al Calabozo—

Él no tendría más que desearlo
Y con el mismo esfuerzo que una Estrella
Burlarse de la Cautividad—
Y reírse—Igual que río Yo—

The Tint I cannot take—is best—
The Color too remote
That I could show it in Bazaar—
A Guinea at a sight—

The fine—impalpable Array—
That swaggers on the eye
Like Cleopatra's Company—
Repeated—in the sky—

The Moments of Dominion
That happen on the Soul
And leave it with a Discontent
Too exquisite—to tell—

The eager look—on Landscapes—
As if they just repressed
Some Secret—that was pushing
Like Chariots—in the Vest—

The Pleading of the Summer—
That other Prank—of Snow—
That Cushions Mystery with Tulle,
For fear the Squirrels—know.

Their Graspless manners—mock us—
Until the Cheated Eye
Shuts arrogantly—in the Grave—
Another way—to see—

El Matiz que no alcanzo—es el mejor—
El Color tan remoto
Que podría exhibirlo en un Bazar—
Y cobrar por mirarlo una Guinea—

El bello—impalpable Atavío—
Tan fanfarrón para la vista
Como la Guarnición de Cleopatra—
Se repite—en el cielo—

Momentos de Dominio
Que ocurren en el Alma
Dejándola con un Descontento
Demasiado exquisito—para darle nombre—

La mirada anhelante—sobre el Paisaje—
Como si éste no hiciera sino reprimir
Algún Secreto—que tirara
Como una Cuádriga—de la Túnica—

La Súplica del Verano—
La otra Vestimenta—de la Nieve—
Que envuelve el Misterio con un Tul,
Por miedo a que las Ardillas—lo descubran.

Sus modales Inasibles—imitan a los nuestros—
Hasta que el Ojo Burlado
Se cierra arrogante—en la Tumba—
Es Otro modo—de ver—

The Brain—is wider than the Sky—
For—put them side by side—
The one the other will contain
With ease—and You—beside—

The Brain is deeper than the sea—
For—hold them—Blue to Blue—
The one the other will absorb—
As Sponges—Buckets—do—

The Brain is just the weight of God—
For—Heft them—Pound for Pound—
And they will differ—if they do—
As Syllable from Sound—

El Cerebro—es más ancho que el Cielo—
Y—si los pones juntos—
El uno contendrá al otro
Holgadamente—y a Ti—además—

El Cerebro es más hondo que el mar—
Y—si colocas ambos—Azul contra Azul—
El uno al otro absorberá—
Como la Esponja—al Cubo—

El Cerebro pesa lo mismo que Dios—
Y—si lo calculas—Libra a Libra—
Hallarás la misma diferencia—si la hubiere—
Que separa a una Sílaba de un Sonido—

I cannot live with You—
It would be Life—
And Life is over there—
Behind the Shelf

The Sexton keeps the Key to—
Putting up
Our Life—His Porcelain—
Like a Cup—

Discarded of the Housewife—
Quaint—or Broke—
A newer Sevres pleases—
Old Ones crack—

I could not die—with You—
For One must wait
To shut the Other's Gaze down—
You—could not—

And I—Could I stand by
And see You—freeze—
Without my Right of Frost—
Death's privilege?

Nor could I rise—with You—
Because Your Face
Would put out Jesus'—
That New Grace

Vivir Contigo no puedo—
Eso sería la Vida—
Y la Vida está allá—
Detrás de la Alacena

El Sacristán tiene la Llave que—
Guarda
Nuestra Vida—Su Porcelana—
Como una Taza—

Que el Ama de Casa ha retirado—
Por Anticuada—o Rota—
Un Sévres nuevo agrada—
Los Viejos se resquebrajan—

Morir—Contigo—no podría—
Pues Uno de los dos ha de esperar
Para cerrar al Otro los Ojos—
Tú—no podrías—

Y Yo—¿Podría yo quedarme ahí
Y ver cómo Te—hielas—
Mientras Pierdo el Derecho a Enfriarme—
Privilegio que otorga la Muerte?

No podría tampoco resucitar—Contigo—
Porque Tu Rostro
Borraría el de Jesús—
Esa Nueva Gracia

Glow plain—and foreign
On my homesick Eye—
Except that You than He
Shone closer by—

They'd judge Us—How—
For You—served Heaven—You know,
Or sought to—
I could not—

Because You saturated Sight—
And I had no more Eyes
For sordid excellence
As Paradise

And were You lost, I would be—
Though My Name
Rang loudest
On the Heavenly fame—

And were You—saved—
And I—condemned to be
Where You were not—
That self—were Hell to Me—

So We must meet apart—
You there—I—here—
With just the Door ajar
That Oceans are—and Prayer—
And that White Sustenance—
Despair—

Ha de Brillar clara—y extraña
Ante la añoranza de mi Mirada—
A menos que Tú más cercano
Que Él brillaras—

Cómo—Nos juzgarían—
Pues Tú—serviste al Cielo—ya lo sabes,
O lo intentaste—
Yo no pude—

Porque Tú saturabas la Mirada—
Y a mí no me quedaban Ojos
Para la sórdida excelencia
Del Paraíso

Y si Tú te condenaras, Yo también me perdería—
Aunque mi Nombre
Sonara más alto
En la Celestial fama—

Y si Tú—te salvaras—
Y Yo—quedase condenada a estar
Donde Tú no estuvieras—
Mi ser—sería un infierno para Mí—

Así que hemos de estar unidos y a distancia—
Tú ahí—Yo—aquí—
Con la Puerta apenas entreabierta
Pues los Océanos existen—y Plegarias—
Y ese Blanco Sustento—
La Desesperación—

Me from Myself—to banish—
Had I Art—
Impregnable my Fortress
Unto All Heart—

But since Myself—assault Me—
How have I peace
Except by subjugating
Consciousness?

And since We're mutual Monarch
How this be
Except by Abdication—
Me—of Me?

Yo de Mí misma—desterrarme—
Si el Don tuviera—
Inexpugnable mi Fortaleza
A Todo Corazón—

Mas puesto que a Mí misma—asalto—
¿Cómo hallar paz
Si no es sometiendo
A la Conciencia?

Y, puesto que Monarcas somos mutuos,
¿Cómo lograrlo
Si no es Abdicando—
Yo—de Mí?

Victory comes late—
And is held low to freezing lips—
Too rapt with frost
To take it—
How sweet it would have tasted—
Just a Drop—
Was God so economical?
His Table's spread too high for Us—
Unless We dine on tiptoe—
Crumbs—fit such little mouths—
Cherries—suit Robins—
The Eagle's Golden Breakfast strangles—Them—
God keep His Oath to Sparrows—
Who of little Love—know how to starve—

La Victoria llega tarde—
Y no se acerca bastante a los labios fríos—
Demasiado entumecidos por el hielo
Para sorberla—
Qué dulce hubiera sido su sabor—
Sólo una Gota—
¿Era Dios tan ahorrador?
Su Mesa demasiado alta para Nosotros—
A menos que cenemos de puntillas—
Las migas—llenan bocas tan pequeñas—
Las cerezas—gustan al Petirrojo—
El Desayuno Áureo del Águila—Los estrangula—
Que Dios cumpla su Promesa con los Gorriones—
Ellos de escaso Amor—saben desfallecer—

Publication—is the Auction
Of the Mind of Man—
Poverty—be justifying
For so foul a thing

Possibly—but We—would rather
From Our Garret go
White—Unto the White Creator—
Than invest—Our Snow—

Thought belong to Him who gave it—
Then—to Him Who bear
Its Corporeal illustration—Sell
The Royal Air—

In the Parcel—Be the Merchant
Of the Heavenly Grace—
But reduce no Human Spirit
To Disgrace of Price—

La Publicación—es la Subasta
De la Mente para el Hombre—
La Pobreza—justificación
De una cosa tan vil

Quizá—pero Nosotros—preferiríamos
Salir de Nuestra Buhardilla
Blancos—al encuentro del Blanco Creador—
A invertir—Nuestra Nieve—

El Pensamiento pertenece a Aquel que lo otorgó—
Después—al que sustenta
Su Corpórea expresión—Vende
El Aire Real—

Metido en un Paquete—Serás el Mercader
de la Gracia Divina—
Pero no rebajes el Espíritu Humano
A la Ignominia de ponerle Precio—

712

Because I could not stop for Death—
He kindly stopped for me—
The Carriage held but just Ourselves—
And Immortality.

We slowly drove—He knew no haste
And I had put away
My labor and my leisure too,
For His Civility—

We passed the School, where Children strove
At Recess—in the Ring—
We passed the Fields of Gazing Grain—
We passed the Setting Sun—

Or rather—He passed Us—
The Dews drew quivering and chill—
For only Gossamer, my Gown—
My Tippet—only Tulle—

We paused before a House that seemed
A Swelling of the Ground—
The Roof was scarcely visible—
The Cornice—in the Ground—

Since then—'tis Centuries—and yet
Feels shorter than the Day
I first surmised the Horses Heads
Were toward Eternity—

Porque a la Muerte yo esperar no pude—
Ella muy amablemente vino a buscarme a mí—
En el Carruaje íbamos sólo los Dos—
Y la Inmortalidad.

Avanzamos despacio—Ella desconocía la prisa
Y Yo había dejado a un lado
Mis trabajos y mi ocio también,
Dada su Cortesía—

Pasamos por delante de la Escuela, donde los Niños
Jugaban—en el Patio—a la hora del Recreo—
Pasamos junto a los Campos Sembrados de Miradas—
Pasamos frente al Sol en el Ocaso—

O mejor—Él nos pasó a Nosotros—
El Sereno caía frío y trémulo—
Pues sólo Gasa, mi Vestido—
Y mi Chal—sólo Tul—

Nos detuvimos frente a una Casa que parecía
Una Protuberancia de la Tierra—
El Tejado era apenas visible—
La Cornisa—en el Suelo—

Siglos han pasado—desde entonces—y sin embargo
Se hacen más cortos que el Día aquel
En que advertí por vez primera que los Caballos
Dirigían la Cabeza hacia la Eternidad—

Behind Me—dips Eternity—
Before Me—Immortality—
Myself—the Term between—
Death but the Drift of Eastern Gray,
Dissolving into Dawn away,
Before the West begin—

'Tis Kingdoms—afterward—they say—
In perfect—pauseless Monarchy—
Whose Prince—is Son of None—
Himself—His Dateless Dynasty—
Himself—Himself diversify—
In Duplicate divine—

'Tis Miracle before Me—then—
'Tis Miracle behind—between—
A Crescent in the Sea—
With Midnight to the North of Her—
And Midnight to the South of Her—
And Maelstrom—in the Sky—

Detrás de Mí—la Eternidad desciende—
Ante Mí—la Inmortalidad—
Yo—el Límite intermedio—
La Muerte sólo el Rumbo del Gris Viento del Este,
Que al Alba se disuelve,
Antes de que sople el del Oeste—

Después—dicen—hay Reinos—
En perfecta—incesante Monarquía—
Cuyo Príncipe—es Hijo de Nadie—
Él mismo—Su propia Dinastía Atemporal—
Él mismo—su Ser diversifica—
En divina Duplicidad—

Entonces—es Milagro lo que ante Mí tengo—
Milagro lo que hay detrás—y en medio—
En el Mar la Creciente—
Al Norte de Ella—Medianoche—
Y Medianoche al Sur—
Y en el Cielo—un Remolino—

My Life had stood—a Loaded Gun—
In Corners—till a Day
The Owner passed—identified—
And carried Me away—

And now We roam in Sovereign Woods—
And now We hunt the Doe—
And every time I speak for Him—
The Mountains straight reply—

And do I smile, such cordial light
Upon the Valley glow—
It is as a Vesuvian face
Had let it's pleasure through—

And when at Night—Our good Day done—
I guard My Master's Head—
'Tis better than the Eider-Duck's
Deep Pillow—to have shared—

To foe of His—I'm deadly foe—
None stir the second time—
On whom I lay a Yellow Eye—
Or an emphatic Thumb—

Though I than He—may longer live
He longer must—than I—
For I have but the power to kill,
Without—the power to die—

Mi Vida había permanecido—Arma Cargada—
En un Rincón—hasta ese Día
En que el Dueño pasó—me identificó—
Y Me llevó con Él—

Y ahora vagamos por Bosques Soberanos—
Y cazamos la Cierva—
Y cada vez que hablo por Él—
Las Montañas me responden prontas—

Y si sonrío, una luz muy cordial
Enciende el Valle—
Cual la faz de un Vesubio
Que me hubiera mostrado su alegría—

Y de Noche—terminada con bien Nuestra Jornada—
Cuando la Cabeza de Mi Señor protejo—
Es mejor que si hubiera compartido—
La Almohada Mullida de Suavísima Pluma—

De un enemigo Suyo—Soy mortal enemiga—
No volverá a moverse—
Aquel al que dirijo mi Mirada Amarilla—
O mi Pulgar enfático—

Aunque vivir pudiera—Yo más tiempo que Él
Él ha de vivir más—que Yo—
Porque Yo sólo tengo el poder de matar,
Sin—el poder de morir—

The Whole of it came not at once—
'Twas Murder by degrees—
A Thrust—and then for Life a chance—
The Bliss to cauterize—

The Cat reprieves the Mouse
She eases from her teeth
Just long enough for Hope to tease—
Then mashes it to death—

'Tis Life's award—to die—
Contenteder if once—
Than dying half—then rallying
For consciouser Eclipse—

No Todo vino de golpe—
Fue un Asesinato lento—
Un Ataque frontal—luego una oportunidad para la
Vida—
La Dicha de cauterizar—

El Gato da una tregua al Ratón
Afloja los dientes
Sólo lo suficiente para que le engañe la Esperanza—
Enseguida lo tritura hasta morir—

Morir—es el Galardón de la Vida—
Preferible que sea de una vez—
Y no morir a medias—recuperarse luego
Para un Eclipse más consciente—

Severer Service of myself
I–hastened to demand
To fill the awful longitude
Your life had left behind—

I worried Nature with my Wheels
When Hers had ceased to run—
When she had put away her Work
My own had just begun.

I strove to weary Brain and Bone—
To harass to fatigue
The glittering Retinue of nerves—
Vitality to clog

To some dull comfort Those obtain
Who put a Head away
They Knew the Hair to—
And forget the color of the Day—

Affliction would not be appeased—
The Darkness braced as firm
As all my stratagem had been
The Midnight to confirm—

No drug for Consciousness—can be—
Alternative to die
Is Nature's only Pharmacy
For Being's Malady—

Una más severa Diligencia me
Apresuré—a exigirme
Para llenar el anhelo terrible
Que tu vida dejó detrás de sí—

Preocupé a la Naturaleza con mis Ruedas
Cuando las Suyas habían dejado de girar—
Cuando ella su Trabajo abandonó
El mío no hizo sino comenzar.

Procuré que se agotaran Mente y Cuerpo—
Fatigar hasta el agotamiento
La brillante Comitiva de los nervios—
Aplacar toda Vitalidad

Hasta caer en ese torpe confort en que se sumen
Quienes dejan a un lado la Cabeza
Cuyos Cabellos reconocen—
Y olvidan hasta el color del Día—

Se resistía la Aflicción a sosegarse—
La Oscuridad se mantenía tan firme
Como firme fue mi estratagema
Empeñada en confirmar la Noche—

No hay droga para la Conciencia—que sea—
Alternativa de la muerte
No hay otra Farmacia en la Naturaleza
Para el Malestar de la Existencia—

This Consciousness that is aware
Of Neighbors and the Sun
Will be the one aware of Death
And that itself alone

Is traversing the interval
Experience between
And most profound experiment
Appointed unto Men—

How adequate unto itself
Its properties shall be
Itself unto itself and none
Shall make discovery.

Adventure most unto itself
The Soul condemned to be—
Attended by a single Hound
Its own identity.

Esta Conciencia que conoce
Al Sol y a sus Vecinos
Será la que reconozca a la Muerte
Y sólo eso es ya

Atravesar el intervalo
Entre la Experiencia
Y el más profundo experimento
Encomendado al Hombre—

Qué adecuadas
Le serán sus cualidades
Ella sólo para sí y nada
Será descubrimiento.

Aventura del todo solitaria
A la que está el Alma condenada—
Custodiada por un solo Sabueso
Su propia identidad.

There is a finished feeling
Experienced at Graves—
A leisure of the Future—
A Wilderness of Size.

By Death's bold Exhibition
Preciser what we are
And the Eternal function
Enabled to infer.

Hay un sentimiento acabado
Que se experimenta en las Tumbas—
Un sosiego Futuro—
Un Infinito Yermo.

Por la cruda Exhibición de la Muerte
Más preciso se torna eso que somos
Y la función de lo Eterno
Podemos inferir.

Split the Lark—and you'll find the Music—
Bulb after Bulb, in Silver rolled—
Scantily dealt to the Summer Morning
Saved for your Ear when Lutes be old.

Loose the Flood—you shall find it patent—
Gush after Gush, reserved for you—
Scarlet Experiment! Sceptic Thomas!
Now, do you doubt that your Bird was true?

Abre a la Alondra y en su interior—encontrarás la
    Música—
Bulbo tras Bulbo, en Plata envuelto—
Regalada con parquedad a la Mañana de Estío
Guardada para tu Oído cuando el Laúd esté viejo.

Deja libre el Flujo—lo verás muy patente—
A Borbotones, para ti reservados—
¡Experimento Escarlata! ¡Escéptico Tomás!
¿Todavía dudas de que el Pájaro sea real?

I stepped from Plank to Plank
A slow and cautious way
The Stars about my Head I felt
About my Feet the Sea.

I knew not but the next
Would be my final inch—
This gave me that precarious Gait
Some call Experience.

Iba pasando de una Tabla a Otra
De manera cautelosa y lenta
Sobre mi Cabeza sentía las Estrellas
Junto a mis Pies el Mar.

No sabía si el siguiente
Sería mi último paso—
Eso me otorgó ese Porte precario
Que algunos llaman Experiencia.

883

The Poets light but Lamps—
Themselves—go out—
The Wicks they stimulate—
If vital Light

Inhere as do the Suns—
Each Age a Lens
Disseminating their
Circumference—

Los Poetas encienden lámparas nada más—
Ellos, por su parte—se extinguen—
Las Mechas que ellos encienden—
Siendo una Luz vital

Son inherentes como son los Soles—
Cada Época una Lente
Que disemina su
Circunferencia—

The Heart has narrow Banks
It measures like the Sea
In mighty—unremitting Bass
And Blue Monotony

Till Hurricane bisect
And as itself discerns
It's insufficient Area
The Heart convulsive learns

That Calm is but a Wall
Of unattempted Gauze
An instant's Push demolishes
A Questioning—dissolves.

928

El Corazón tiene Orillas estrechas
Se mide como el Mar
En poderoso—incesante Bajo
Y Azul Monotonía

Hasta que el Huracán irrumpe cortante
Y al discernir el Corazón
Su Espacio insuficiente
Aprende conmocionado

Que la Calma es sólo un Muro
De Gasa siempre intacta
Y Empujado un leve instante se derrumba
Cuestionado—se disuelve.

I felt a Cleaving in my Mind—
As if my Brain had split—
I tried to match it—Seam by Seam—
But could not make them fit.

The thought behind, I strove to join
Unto the thought before—
But Sequence ravelled out of Sound
Like Balls—upon a Floor.

En la Mente sentí una Hendidura—
Como si el Cerebro se me hubiera partido—
Traté de componerlo—Costura con Costura—
Pero no conseguí que coincidieran.

El pensamiento de detrás, intenté unir
Al pensamiento de delante—
Pero la Secuencia se deshacía Desviada
Como Balones—rodando por el Suelo.

The Soul's distinct connection
With immortality
Is best disclosed by Danger
Or quick Calamity—

As Lightning on a Landscape
Exhibits Sheets of Place—
Nor yet suspected—but for Flash—
And Click—and Suddenness.

La conexión tan peculiar del Alma
Con la inmortalidad
Es sólo desvelada en tiempo de Peligro
Y gran Calamidad—

Al igual que el Relámpago sobre un Paisaje
Muestra Sábanas de Espacio—
Nunca sospechadas—pero en un Destello—
Un Chasquido—un Instante fugaz.

A narrow Fellow in the Grass
Occasionally rides—
You may have met Him—did you not
His notice sudden is—

The Grass divides as with a Comb—
A spotted shaft is seen—
And then it closes at your feet
And opens further on—

He likes a Boggy Acre
A Floor too cool for Corn—
Yet when a Boy, and Barefoot—
I more than once at Noon
Have passed, I thought, a Whip lash
Unbraiding in the Sun
When stooping to secure it
It wrinkled, and was gone—

Several of Nature's People
I know, and they know me—
I feel for them a transport
Of cordiality—

But never met this Fellow
Attended, or alone
Without a tighter breathing
And Zero at the Bone—

Sobre la Hierba un Tipo flaco
Pasea en ocasiones—
Puede que te lo hayas topado—¿no es así?
Es repentina su presencia—

Divide la Hierba como un Peine—
Y deja ver un dardo moteado—
Y vuelve a cerrarse a tus pies
Para abrirse un poco más allá—

Le gusta la Tierra Cenagosa
El suelo demasiado fresco para el Maíz—
Pero de Niño, Descalzo—
Más de una vez al Mediodía
Pasé ante lo que creí una Fusta
Desenredándose al Sol
Y cuando me inclinaba para atraparla
Se encogía y desaparecía—

A muchas de estas Gentes de la Naturaleza
Conozco, y me conocen—
Siento por ellos un rapto
De cordialidad—

Pero nunca vi a este Tipo,
Solo, o acompañado,
Sin respirar más quedo
Y sentir un Cero en los Huesos—

Crumbling is not an instant's Act
A fundamental pause
Dilapidation's processes
Are organized Decays.

'Tis first a cobweb in the Soul
A Cuticule of Dust
A Borer in the Axis
An Elemental Rust—

Ruin is formal—Devil's work
Consecutive and slow—
Fail in an instant—no man did
Slipping—is Crash's law.

Derrumbarse no es Acto de un instante
Sino pausa fundamental
Los procesos de Dilapidación
Son Desmoronamientos organizados.

Aparece primero una telaraña en el Alma
Una Cutícula de Polvo
Una Carcoma en el Eje
Un Moho Elemental—

La ruina es ceremoniosa—obra del Diablo
Persistente y pausada—
Sucumbir en un instante—no es
Un resbalón—es la ley de la Quiebra.

Fate slew Him, but He did not drop—
She felled—He did not fall—
Impaled Him on Her fiercest stakes—
He neutralized them all—

She tung Him—sapped His firm Advance—
But when Her Worst was done
And He—unmoved regarded Her—
Acknowledged Him a Man.

La Fatalidad Le mató, pero Él no cayó—
Ella Le derribó—Él no se derrumbó—
Le empaló en Sus estacas más feroces—
Él las neutralizó—

Ella Le aguijoneó—minó Su firme Ataque—
Pero cuando lo Peor hubo acabado
Y Él—impasible La miró—
Ella reconoció que Él era un Hombre.

1052

I never saw a Moor—
I never saw the Sea—
Yet know I how the Heather looks
And what a Billow be.

I never spoke with God
Nor visited in Heaven—
Yet certain am I of the spot
As if the Checks were given—

1052

Nunca he visto un Brezal—
Ni he visto nunca el Mar—
Pero reconozco bien el Brezo
Y cómo es una Ola.

Nunca he hablado con Dios
Ni he visitado el Cielo—
Pero tan cierta estoy de su lugar
Como si ya tuviera la Contraseña—

He scanned it—staggered—
Dropped the Loop
To Past or Period—
Caught helpless at a sense as if
His mind were going blind—

Groped up, to see if God was there—
Groped backward at Himself—
Caressed a Trigger absently
And wandered out of Life.

1062

Lo examinó—vacilante—
Soltó el Lazo
Con todo Pasado o Tiempo—
Aferrado indefenso a un sentido como
Si la mente estuviera ya ciega—

A tientas buscó en lo alto, por si Dios allí se hallara—
A tientas volvió hacia Sí—
Acarició distraído el Gatillo
Y salió para siempre de la Vida.

1078

The Bustle in a House
The Morning after Death
Is solemnest of industries
Enacted upon Earth—

The Sweeping up the Heart
And putting Love away
We shall not want to use again
Until Eternity.

1078

El Ajetreo de una Casa
La Mañana después de una Muerte
Es la más solemne de las tareas
Desempeñadas en la Tierra—

Barrer el Corazón
Y poner a recaudo el Amor
Que no vamos a volver a usar
Hasta la Eternidad.

Because 'twas Riches I could own,
Myself had earned it—Me,
I knew the Dollars by their names—
It feels like Poverty

An Earldom out of sight to hold,
An Income in the Air,
Possession—has a sweeter chink
Unto a Miser's Ear—

1093

Porque eran Riquezas que podía tener,
Yo las había ganado—Yo,
Conocía a los Dólares por su nombre—
Me parecía Pobreza

Poseer un Condado que la vista no abarque
Una Renta en el Aire,
La Posesión—tiene un tintineo más dulce
Para el Oído de un Avaro—

The last Night that She lived
It was a Common Night
Except the Dying—this to Us
Made Nature different

We noticed smallest things—
Things overlooked before
By this great light upon our Minds
Italicized—as 'twere.

As We went out and in
Between Her final Room
And Rooms where Those to be alive
Tomorrow were, a Blame

That Others could exist
While She must finish quite
A Jealousy for Her arose
So nearly infinite—

We waited while She passed—
It was a narrow time—
Too Jostled were Our Souls to speak
At length the notice came.

She mentioned, and forgot—
Then lightly as a Reed
Bent to the Water, struggled scarce—
Consented, and was dead—

La última Noche que Ella estuvo con vida
Fue una Noche Corriente
De no ser por la Muerte—esto hizo
Para Nosotros distinta a la Naturaleza

En las cosas más nimias reparamos—
Cosas que antes pasábamos por alto
Con la luz poderosa de la Mente
Adquirían relieve—se diría.

Al entrar o salir
De su Estancia última a las Habitaciones
Ocupadas por Los que estarían vivos
Mañana, una Culpa

De que Otros pudieran existir
Mientras Ella había de acabar
Una Envidia de Ella despertó
Casi infinita—

Nosotros aguardamos mientras Ella se iba—
Fue un lapso muy breve—
El Alma demasiado Agitada para hablar
Hasta que nos dieron la noticia.

Algo quiso Ella decir, y se olvidó—
Luego, ligera como un Junco
Inclinado en el Agua, apenas resistió—
Consintió y murió—

And We—We placed the Hair—
And drew the Head erect—
And then an awful leisure was
Belief to regulate—

Y Nosotros—Nosotros arreglamos el Pelo—
Y pusimos erguida la Cabeza—
Después una calma de espanto vendría
A ordenar el pensamiento—

Between the form of Life and Life
The difference is as big
As Liquor at the Lip between
And Liquor in the Jug
The latter—excellent to keep—
But for ecstatic need
The corkless is superior—
I know for I have tried

1101

Entre la forma de la Vida y la Vida
La diferencia es tanta
Como entre el Licor en los Labios
Y el Licor en la Jarra
Éste—excelente para conservar—
Pero en momento de éxtasis
Es superior sin corcho—
Lo sé pues lo he probado

A great Hope fell
You heard no noise
The Ruin was within
Oh cunning wreck that told no tale
And let no Witness in

The Mind was built for mighty Freight
For dread occasion planned
How often foundering at Sea
Ostensibly, on Land

A not admitting of the wound
Until it grew so wide
That all my Life had entered it
And there were troughs beside

A closing of the simple lid
That opened to the sun
Until the tender Carpenter
Perpetual nail it down—

1123

Una gran Esperanza se derrumbó
Ningún ruido se oyó
La Ruina estaba dentro
Ay, astuta Desolación que la historia silenció
No dejando entrar a sus Testigos

La mente está hecha para pesadas Cargas
Para ocasiones temibles diseñada
Cuán a menudo zozobra en el Mar
Ostensiblemente, en la Tierra

Un no admitir la herida
Hasta que fue tan profunda
Que toda mi Vida estuvo dentro
Y dejaba abismos a los lados

El cerrar de la sencilla tapa
Que se abría al sol
Hasta que el tierno Carpintero
Clava el clavo perpetuo—

Tell all the Truth but tell it slant—
Success in Circuit lies
Too bright for our infirm Delight
The Truth's superb surprise
As Lightning to the Children eased
With explanation kind
The Truth must dazzle gradually
Or every man be blind—

Toda la Verdad decidla pero al sesgo—
El Éxito radica en el Rodeo
En exceso radiante para la debilidad de nuestro Goce
La sorpresa soberbia que contiene
Como el relámpago a los Niños se suaviza
Con dulce explicación
La Verdad ha de deslumbrar muy poco a poco
O ciegos dejará a todos los Hombres—

That odd old man is dead a year—
We miss his stated Hat.
'Twas such an evening bright and stiff
His faded lamp went out.

Who miss his antiquated Wick—
Are any hoar for him?
Waits any indurated mate
His wrinkled coming Home?

Oh Life, begun in fluent Blood
And consummated dull!
Achievement contemplating thee—
Feels transitive and cool.

Hace ya un año que el anciano estrambótico murió—
Añoramos su Sombrero de siempre.
Fue una noche cruda y brillante
En que su lámpara mortecina se apagó.

Quién añora su anticuada Mecha—
¿Hay escarcha para él?
¿Aguarda alguna compañera endurecida
Su arrugado regreso a Casa?

¡Ay Vida, que comienzas con Sangre fluida
Y te consumas en débil nulidad!
Al contemplarte, cualquier logro—
Resulta indiferente y pasajero.

1134

The Wind took up the Northern Things
And piled them in the south—
Then gave the East unto the West
And opening his mouth

The four Divisions of the Earth
Did make as to devour
While everything to corners slunk
Behind the awful power—

The Wind—unto his Chambers went
And nature ventured out—
Her subjects scattered into place
Her systems ranged about

Again the smoke from Dwellings rose
The Day abroad was heard—
How intimate, a Tempest past
The Transport of the Bird—

1134

El Viento arrastró cuanto en el Norte había
Y lo apiló en el sur—
Luego llevó el Este al Oeste
Y abriendo sus fauces

Los cuatro cardinales de la Tierra
Hizo como si quisiera devorar
Mientras todo en los rincones se metía
Tras su fuerza infernal—

El Viento—en sus Habitaciones retirado
La naturaleza se aventura a salir—
Sus súbditos se esparcen por sus puestos
Sus sistemas encuentran su lugar

De nuevo sale el humo de las Casas
El Día resuena por doquier—
Qué íntimo resulta, pasada la Tormenta,
El Éxtasis del Pájaro—

Great Streets of silence led away
To Neighborhoods of Pause—
Here was no Notice—no Dissent
No Universe—no Laws—

By Clocks, 'twas Morning, and for Night
The Bells at Distance called—
But Epoch had no basis here
For Period exhaled.

1159

Grandes Avenidas de silencio conducían
A Barriadas de Calma—
No había aquí Avisos—ni Desacuerdos
Ni Universo—ni Leyes—

Los Relojes marcaban la Mañana, y a las Noches
Llamaban desde Lejos las Campanas—
Pero la Época no tenía base aquí
Exhaladas ya las Horas.

1355

The Mind lives on the Heart
Like any Parasite—
If that is full of Meat
The Mind is fat.

But if the Heart omit
Emaciate the Wit—
The Aliment of it
So absolute.

La Mente vive del Corazón
Como cualquier Parásito—
Si aquél está lleno de Carne
La Mente engorda.

Pero si el Corazón no otorga
Se adelgaza el Ingenio—
Pues es su Alimento
Absoluto.

1540

As imperceptibly as Grief
The Summer lapsed away—
Too imperceptible at last
To seem like Perfidy—
A Quietness distilled
As Twilight long begun,
Or Nature spending with herself
Sequestered Afternoon—
The Dusk drew earlier in—
The Morning foreign shone—
A courteous, yet harrowing Grace,
As Guest, that would be gone—
And thus, without a Wing
Or service of a Keel
Our Summer made her light escape
Into the Beautiful.

Imperceptible como una Aflicción
El Verano se alejó—
Demasiado imperceptible al fin
Para sentir su Perfidia—
Una Calma destilada
Cual Crepúsculo detenido,
O la Naturaleza que disfruta consigo
De la Tarde Secuestrada—
El Anochecer acudió más temprano—
La Mañana ajena se iluminó—
Una cortés Gracia que intimida,
Como el Huésped que desea partir—
Y así, sin tener Alas
Ni ayuda de una Nave
Nuestro Verano emprendió su escapada
Ligero en pos de la Belleza.

There came a Wind like a Bugle—
It quivered through the Grass
And a Green Chill upon the Heat
So ominous did pass
We barred the Windows and the Doors
As from an Emerald Ghost—
The Doom's electric Moccasin
That very instant passed—
On a strange Mob of panting Trees
And Fences fled away
And Rivers where the Houses ran
Those looked that lived—that Day—
The Bell within the steeple wild
The flying tidings told—
How much can come
And much can go,
And yet abide the World!

Se desató un Viento con fuerza de Corneta—
Hacía temblar la Hierba
Y un Verde Escalofrío sacudió al Calor
A su paso ominoso
Atrancamos Ventanas y Puertas
Cual si fuera un Fantasma Esmeralda—
La eléctrica Serpiente del Destino
Pasó en ese instante mismo—
Sobre una extraña Turba de jadeante Arboleda
Y los Cercados salieron volando
Y los Ríos que bordeaban las Casas
Miraron a los que ahí vivían—ese Día—
La Campana en su torre enardecida
Pregonaba rauda la noticia—
¡Es tanto lo que puede venir
Y tanto lo que puede perderse,
Y aún el Mundo permanece!

1659

Fame is a fickle food
Upon a shifting plate
Whose table once a
Guest but not
The second time is set.

Whose crumbs the crows inspect
And with ironic caw
Flap past it to the
Farmer's Corn—
Men eat of it and die.

1659

La Fama es voluble alimento
Servido en plato movedizo
Su mesa está una vez
Para el Convidado dispuesta
Pero no una segunda.

Sus migajas inspeccionan los cuervos
Y con irónico graznido pasan
De largo agitando sus alas, camino
Del Trigo que guarda el Granjero—
Los hombres sí lo prueban y perecen.

In Winter in my Room
I came upon a Worm—
Pink lank and warm—
But as he was a worm
And worms presume
Not quite with him at home—
Secured him by a string
To something neighboring
And went along.

A Trifle afterward
A thing occurred
I'd not believe it if I heard
But state with creeping blood—
A snake with mottles rare
Surveyed my chamber floor
In feature as the worm before
But ringed with power—
The very string with which
I tied him—too
When he was mean and new
That string was there—

I shrank—»How fair you are«!
Propitiation's claw—
«Afraid», he hissed
«Of me»?
«No cordiality»—

1670

En Invierno en mi Cuarto
Me encontré a un Gusano—
Largo, sonrosado y caliente—
Mas como él era un gusano
Y los gusanos tienen atrevimiento
Intranquila por tenerlo en mi casa—
Lo até con un cordel
A algo cercano
Y seguí mi camino.

Muy poquito después
Una cosa ocurrió
Que no hubiera creído si la escucho
Pero la cuento con pavor estremecido—
Una serpiente de raro moteado
Inspeccionaba el suelo de mi alcoba
Su aspecto como el de aquel gusano
Pero provisto de un poder que le daba—
La misma cuerda con que
Le había amarrado—
Cuando era vil y nuevo
La cuerda estaba allí—

Yo intimidada—«*¡Qué hermoso eres!*»
Garra Propiciatoria—
«¿Acaso tienes Miedo», silbó
«De mí?»
«Nada de confianzas»—

He fathomed me—
Then to a *Rhythm* Slim
Secreted in his Form
As Patterns swim
Projected him.

That time I flew
Both eyes his way
Lest he pursue
Nor ever ceased to run
Till in a distant Town
Towns on from mine
I set me down
This was a dream.

Muy bien él me entendió—
Entonces a Ritmo *Ligero*
Amparado en su Forma
Como nadan las Ondas
Así se proyectó.

Esa vez sí escapé
Los ojos clavados en él
No fuera a perseguirme
No paré de correr
Hasta que en una Ciudad lejana
Pasadas otras más cerca de la mía
Me detuve
Fue un sueño.

1732

My life closed twice before its close—
It yet remains to see
If Inmortality unveil
A third event to me

So huge, so hopeless to conceive
As these that twice befell.
Parting is all we know of heaven,
And all we need of hell.

1732

Mi vida concluyó dos veces antes de concluir—
Aún queda por ver.
Si la Inmortalidad desvela
Un tercer evento para mí

Tan inmenso, tan imposible de concebir
Como aquellos que dos veces sucedieron.
La Partida es lo único que sabemos del cielo,
Y lo único que necesitamos del infierno.

Nota a la presente antología
Amalia Rodríguez Monroy

La Fuerza no es sino Dolor—
Amarrado, con Disciplina

EMILY DICKINSON

Si la obra de arte se resiste siempre a la interpretación, en el caso peculiarísimo de Emily Dickinson (1830-1886) esa resistencia al sentido –sobre todo al sentido común– se presenta al lector como clave central de la lectura. El acontecimiento que es el poema se nos muestra abierto a la intemperie de la significación, se nos entrega como enigma. Enigma que exige reflexión. En una era en que el arte en todas sus formas se halla sujeto a las leyes del intercambio mercantil, a su volatilidad, el encuentro con la palabra poética, la única sustraída (y no siempre) a ese régimen de cálculo, adquiere una magia inesperada que nos permite revivir el misterio de la creación –del *ex-nihilo* de la creación– con el entusiasmo de quien se adentra en mundos prohibidos, en espacios raras veces transitados. Espacios que, de la mano de Emily Dickinson, nos conducen al lugar temible pero hermoso de la excepción, de la singularidad captada como abismo. Ahí donde el artista, «paralizado por el Oro», arrojó antes el lápiz, esta nativa de Nueva Inglaterra lo retoma para mostrarnos lo que otros renunciaron a expresar: cómo se hace la noche, tan cargada en sus textos de presagios y muerte, dejando una única, imposible –punzante– visión: «Sólo una Cúpula de Abismo se Inclina/Ante la Soledad—» (291).

Los mundos de esta norteamericana de Nueva Inglaterra son, en efecto, espacios abismales por lo incondicionado, por lo abierto de su presencia, por lo audaz de su emergencia que se exhibe como Otra a un universo de discursos sociales marcados por el desgaste y la domesticación del sentido. Sus breves monumentos poéticos nos arrancan de esa planicie gris para señalarnos que en lo no-dicho hay infinitas posibilidades de deslumbramiento una vez nos acercamos a los «Continentes de Luz» que sus textos nos muestran. Cada poema se ofrece al lector como esa vasija que el artesano ha moldeado para circundar con sus bordes el vacío y permitirnos concebirlo como «lleno». Pero la artesana de esa palabra *ex-nihilo* nos insta además a permanecer en el borde, a seguir los contornos de su circunferencia y asomarnos, desde ahí, al vacío. La tarea no es vana, ni nuestra lectura puede reducirse a la convención literaria o histórica ante unos textos que se sitúan en un más allá de toda ciudad del discurso. Dickinson nos coloca en ese borde vertiginoso desde el que se vislumbra tanto el exterior como el interior. Nos enfrenta a un límite que es precisamente el límite frágil que separa –y une– el ser del no ser.

No es pues extraño que esta mujer que en una carta juvenil se describe –entre irónica e ilusionada– como *la belle* de Amherst, Massachusetts, desconcertara tanto a sus contemporáneos, que trastocara los esquemas de historiadores y críticos, que constituyera una leyenda, un misterio, casi una amenaza para los forjadores del discurso social. Su figura ha accedido –muy lentamente– al Olimpo de la poesía para erigirse –en ese reducto simbólico– como Uno, como excepción. Separada, es decir, sacralizada. Pero es bien sabido que el artista es maldito en tanto vivo y sagrado cuando ya está muerto. Emily

Dickinson sabía que eso era así. Sabía también del poder de su palabra, un poder que sus contemporáneos no pudieron reconocer sino como extrañeza y falta de oficio. Y eligió la separación, la exclusión –reclusión– como estrategia de supervivencia en una atemporalidad tan irónica como lúcida; la inclusión, el reconocimiento, llegaría más tarde, reservado a un futuro menos determinado por las contingencias de una historia demasiado inmersa aún en la tarea de hacerse para poder reconocerse en su síntoma, en su falta de ser.

Desde su acronía, que es también atopía, desde el parapeto de la fragilidad que la constituía a los ojos de sus congéneres, desde la soledad –no ya la fantaseada por sus lectores, sino la soledad que es propia del artista– Dickinson va poniendo su marca en la lengua heredada de sus mayores al tiempo que construye verso a verso su subjetividad, las metáforas en las que sustentarla. Esa pura presencia que es el poema se erige así en metáfora de su autora, le otorga su ser al precio, eso sí, de mostrarse en su carencia, en su falta: «La Fuerza no es sino Dolor— / Amarrado, con Disciplina», nos advierte en el poema 252. Y con ella nos señala la sustancia misma de su poesía. El arte tiene ese poder único, paradójico, y nos atrapa en ese punto de torsión en que la literalidad más férrea adquiere Otra significación. Nosotros, lectores modernos –o postmodernos– podemos ya leer retroactivamente que en ese universo de sustituciones y desplazamientos, en esa construcción metafórica y metonímica, lo que está en juego es el ser mismo del que enuncia. Tenemos ahora claves con las que no contaban los coetáneos de Dickinson, sabemos hoy que la metáfora no es adorno –ella también lo sabía– sino necesidad, ley entendida como la condición misma de posibilidad de toda significación. Sabemos también que es un sínto-

ma por el que el sujeto de la enunciación se constituye
en su ser mismo, en lo real de su ser: «Imposible falsifi-
car / Las Perlas que enhebra en la Frente / La Angustia
cotidiana» (241).

Palabras como espadas: el cuerpo y la letra en Emily Dickinson

Emily Dickinson nos sitúa como lectores en esa orilla
en que el texto toca al ser y ahí quedamos prendidos
como Ulises al mástil, aunque esta vez es sólo un torni-
llo de carne el que nos prende al Alma: «A single Screw
of Flesh / Is all that pins the Soul». Tan delgado susten-
to proporciona la autora al lector. Ávido de conexiones,
de algo sólido en que sustentar el sentido, el lector ha
de avanzar casi en el aire, transportado de un fragmen-
to de cuerpo a un pedazo de alma, de la perplejidad a la
conciencia, de la exaltación a la pérdida, del no-saber a
la plenitud instantánea del destello en que la verdad
suele manifestarse: «Toda la Verdad decidla pero al ses-
go— / El éxito radica en el Rodeo», dice la voz poética
adelantándose al hombre moderno que, alertado ya so-
bre el estatuto de ficción en que se forja la verdad, pue-
de aceptar con Dickinson, que «La Verdad ha de des-
lumbrar muy poco a poco / O ciegos dejará a todos los
Hombres» (1129).

Mientras la autora –trasmutada ahora en araña labo-
riosa– «Su Hilo de Perla—ella Devana / Aplicada va de
Nada a Nada» para alzar supremos sus Continentes de
Luz (605), nosotros lectores observamos desde el mástil,
o desde la seguridad de la orilla, cómo «Después el Ama
de Casa hará colgar de la Escoba / Esos Confines—ya
olvidados—» *(ibíd.)*. ¿Somos, quizá, el Ama de Casa pro-

vista de escoba pronta a arrasar la frágil construcción y sus destellos? La disparidad cruel, grotesca, entre los Continentes de Luz y la escoba nos sitúa de lleno en el tejido metafórico dickinsoniano, hecho de esa irónica distancia entre lo sublime y lo familiar, distancia que pone de manifiesto su siniestra proximidad. La metáfora dickinsoniana exhibe su rango de ley del lenguaje, y desde ahí nos interroga en tanto sujetos a esa ley, al tiempo que fabrica –segrega– su hilo de perla, el nervio y la médula de su ser. La perla, ese objeto precioso en que tantos poetas barrocos y modernos han simbolizado el cuerpo femenino en tanto objeto de deseo, adquiere en nuestra autora significaciones bien distintas. La perla es ahora la palabra misma. El poema es para su autora la perla que ella engarza con esmero repetido cuando consiente en abrir su ser –concha enferma que segrega su propia medicina hasta convertirla en el tesoro que otros habrán de encontrar en lo oculto–. Perla que es, pues, su agalma, el objeto escondido que amamos en el otro. Y la metáfora pone ya en juego el movimiento moebiano que nos lleva del exterior al interior en sus sorprendentes versos: el hilo de perlas no es sólo la imagen del collar –o la diadema– que la materialidad del poema figura sobre el papel blanco.

Si la perla es la palabra, el guión dickinsoniano es el hilo en que ésta se engarza. Hilo hecho de silencio, de separación, es decir, de dolor. La perla es también el sudor en la frente que exterioriza estragos interiores, pero es, además, la metáfora con la que la densidad significante de esta poeta de la fragilidad trata de cernir lo más indecible: el goce. El goce en todas sus vertientes de sufrimiento y éxtasis. Por eso, cuando el mar, personificación de lo masculino, persigue a la voz poética en atrevida demanda, la perla es el signo –metonímico, ahora– en el que eso que no cesa de no escribirse, consigue inscribirse en el cuerpo y en el texto. La letra está aquí más que nunca en el lugar del cuerpo: «Sentí su Talón de Plata / Rozándome el Tobillo—y entonces mis Zapatos / Rebosaron de Perlas—» (520).

El lector de Emily Dickinson se encuentra, en efecto, confrontado a esa relación, siempre equívoca, entre el verbo y la carne: ¿se trata para nuestra dama blanca de hacer del verbo carne? En sus textos el cuerpo, que nos presenta siempre fragmentado, aparece mortificado por la letra, como para decirnos que la encarnación es un tormento; Dickinson plantea hace ya siglo y medio lo que el pensamiento actual se resiste todavía a formular: que el sujeto del significante sufre una mortificación, pues si la palabra es la muerte de la cosa, el lenguaje separa al sujeto de lo real, introduce el vacío. De esa separación da cuenta la poesía dickinsoniana con un desgarro del todo inédito en la tradición poética de su tiempo. El sujeto poético se sabe enfermo de lenguaje. Pero sus versos muestran también el reverso de esa experiencia y testimonian el efecto, el poder, de la palabra sobre el sujeto: «Ella manejaba sus bellas palabras como Espadas— / Qué brillo desprendían— / Y cada una descubría un Nervio / O hacía alardes con un Hueso—» (479). La distinción entre interior y exterior desaparece en este poema de tono cortante, baudeleriano. Para esta malabarista del lenguaje, tiradora intrépida de cuchillos en su circo fantasmagórico, el lenguaje desprende ecos de un erotismo en el que sexo y violencia se identifican, en el que dolor y placer están sexualizados y se encuentran en el límite. Límite escueto, mínimo, que en esta poesía de lo sublime se encarna con insistencia en un punto del cuerpo que señala muy directamente al dolor y a la muerte: «La Membrana que recubre el ojo / Costumbre vieja del Mortal— / Cuando se dispone a cerrar—para Morir» *(ibíd.)*.

Desde ese equívoco fundamental, desde ese borde mínimo en el que localiza la diferencia misma entre ser y no ser, Dickinson va construyendo su edificio poético, va entregándonos su hilo de perlas, la cuerda floja que ella recorre con audacia que sabe mortal –y a la vez vital–. Ese descentramiento en que sostiene su subjetividad, esa cinta de Moebius en la que se va configurando es lo que acerca tanto a esta romántica a la modernidad. En un grado que luego llevará Joyce a su último extremo, Dickinson hace del equívoco –la esencia de lo poético– su recurso central. Juega con esa audacia de la letra, con esa posibilidad que tiene el lenguaje de engendrar nuevos sentidos, de subvertir el sentido común. Clave de su goce en la letra es ese traspasar las fronteras del sentido, aun manteniendo una relación con el sentido que conduce al lector a gozar, a su vez, en el acto de hacer presente de nuevo en la lectura el goce de quien construyó esos versos. Un goce que remite inevitablemente a esa enigmática e insistente relación entre el arte –la letra– y el cuerpo. En Dickinson, antes que en Joyce y los modernistas, la operación retórica por la que eleva el equívoco al estatuto de síntoma sufre un cortocircuito que repliega al texto sobre sí mismo, lo aísla. La negativa de las voces dickinsonianas a hacer pasar el sentido –la dimensión imaginaria de todo efecto de significación– por el discurso instituido convierte a esta precursora en la pionera moderna de la desolación y el aislamiento, de la carencia.

Como si quisiera recordarnos que el vínculo entre forma y contenido, entre el modo de decir y lo dicho, no es de mera coexistencia, y hacernos visible esa inseparabilidad, Dickinson trastoca la puntuación dejando así flotar los significantes en aislamiento de la cadena. El efecto se acentúa aún más con su uso peculiar de las mayúsculas en sustantivos, verbos, pronombres, adjetivos. La palabra

«—el Símbolo—Solemne—Tórrido—» así aislada se magnifica, pero también se aleja de su mundo referencial, haciendo de la construcción verbal una presencia separada, sagrada, capaz de descubrirnos nuevas relaciones significantes, inexplorados registros, inesperadas sonoridades y ritmos cuya presencia vemos surgir de una ausencia.

En Dickinson esa emancipación significante apunta muy directamente al silencio del que el lenguaje brota como la lava de un volcán. Y la metáfora es muy querida por la autora, para quien la vida sería un volcán apagado, silencioso, en el que irrumpe el lenguaje: «Los labios que nunca mienten— / Corales sibilantes que se abren— y cierran— / Y Ciudades—que rezuman y desaparecen—» (601). El efecto, sin duda, es devastador. La ciudad del discurso es arrasada como lo fue Pompeya por esta emperatriz de los abismos, para erigir un mundo en que la Ley se funda sobre un orden nuevo que es un orden nuevo de lenguaje. Es en la gramática, en la sintaxis, en las convenciones de uso donde brota la lava del volcán dickinsoniano, para establecer un nuevo orden significante en que su existencia, su dolor, pueda tener cabida, aunque sólo sea entre los intervalos de punzante silencio que percibimos en esos espacios entre las palabras que señalan al vacío, a lo Real, a un más allá de toda significación. Cuando la autora trastoca la sintaxis, fuerza a la palabra a asumir nuevas funciones, cuando elimina signos de puntuación, aísla partículas, altera etimologías, crea neologismos y hace ese uso sorprendente del guión que señalábamos, está buscando el alejamiento de lo ya dado, creando una nueva topología de significaciones en que acomodar su deseo, en que alojar su ser.

Para la autora, el guión es el espacio que necesita para respirar entre un significante y otro, es también la representación de la discontinuidad que los separa, la misma que nos separa del lenguaje. Marca de ese muro de lenguaje que nos aleja de lo Real y hace de obstáculo –más que vehículo– en la comunicación entre los sujetos. Pero en esa proliferación de guiones que tan agudo desconcierto y extrañeza causa a sus coetáneos, y al lector de hoy, Dickinson ofrece también a su interlocutor una posibilidad última de unión, de encuentro. Son paradojas que dan cuerpo y vida a la poética de Dickinson, paradojas que el siglo XX iba a hacer aún más palpables, aunque la crítica raras veces haya sabido ver en esa profunda transformación de los paradigmas literarios otra cosa que meros «ejercicios de experimentación».

Cuando Mallarmé o Apollinaire, luego los grandes modernistas, juegan a dislocar los procedimientos de puntuación del texto, o cuando los surrealistas ensayan la escritura automática para mostrar que el decir del texto va más allá de la intención autorial, o cuando Joyce escribe el enigma en un más allá de la semántica, no están sólo llamando la atención sobre la escritura como materialidad. En ese privilegiar la letra y el equívoco frente al efecto de sentido está en juego la conciencia de que el lenguaje no es comunicación sino malentendido y que toda construcción humana se sostiene sobre ese permanente deslizamiento. Es ese reconocimiento el que tiñe la poesía de Dickinson de un particular misticismo, de un anhelo que exhibe su carencia para convertirla en misterio y en goce.

La *belle* de Amherst: el *dandismo* decadente de Emily Dickinson

Hasta aquí un primer ensayo de genealogía poética en esta hija de la audacia y la desolación, pero sin duda querrá el lector aproximarse también a la genealogía histórica de Emily Dickinson, tan envuelta en un halo de misterio. Si para la crítica es siempre problemático establecer vínculos significativos entre la vida y la obra de un artista, el caso de nuestra autora se ofrece al historiador como un reto en que la posibilidad de diferenciar entre el orden de la realidad y el de la ficción sufre un constante deslizamiento. En torno a esta figura de una potencia creadora tan inmensa como secreta todo aparece velado, sometido a un ocultamiento que alterna con momentos de desvelamiento que ella misma instiga desde su singular inclinación a la mitomanía. Sabemos, pues, que la reconstrucción que hagamos de su vida es, necesariamente, producto de un juego de seducciones donde es la propia autora quien maneja todos los hilos. Tímida y retraída Salomé que dispone a su antojo los velos que han de ocultar y exhibir a la vez cuanto el observador aspira a ver –a saber.

Emily Dickinson construye su propio mito desde la máscara central de la fragilidad y el aislamiento. Desde esa metáfora –y semblante– de sí misma que sustenta y hace posibles sus metáforas poéticas, lanza al mundo en sus cartas y en sus versos mensajes a menudo cifrados que los estudiosos llevan ya un siglo procurando descifrar. Más de mil cartas se conservan y casi dos mil poemas. Y si sus cartas nos parecen apéndices que sostienen en lo histórico la atemporalidad de su poesía, los textos poéticos tienen, a su vez, el carácter de misiva: son sus cartas al Mundo –que nunca le escribió (ver poema 441)– y hemos de leer en tal mensaje el deseo de incorporarse al tiempo, a la historia. Ante la imposibilidad de hacerse un nombre con la publicación de sus poemas, que sólo vieron la luz (a excepción de una docena publicados anónimamente) después de su muerte en 1886, Dickinson hace un mito de su propia existencia, de lo real de sí misma. No escribe su autobiografía, pero al hacer del vacío su destino obliga a la posteridad a desentrañar cómo puede el texto de su destino ser, tal como ella lo muestra, un lugar vacío[1].

El lector necesita acortar distancias, introducir lo imaginario de todas esas referencias extratextuales capaces de dar cuerpo a la voz que parece hallarse en otra parte, en un abismo exterior. ¿O es interior? Es ambas cosas; es lo más propio vivido como extraño, como «otro», es lo *éxtimo*, expresivo neologismo con el que Lacan –basándose en *lo siniestro* freudiano– remite al momento terrible que precede a la angustia, al encuentro con lo Real, momento que el verso dickinsoniano captura con insistencia y persigue en sus diversos rostros hasta plasmarlo en su clímax, el instante de tránsito que separa la vida de la muerte. Dickinson quiere hacer hablar a la muerte, dar voz a ese silencio eterno, al menos darle rostro. La operación exige dosis enormes de violencia. Y es que para ella la poesía es un asalto al cuerpo en la medida misma en que la palabra es violencia y mortificación del cuerpo, goce que ella metaforiza en esa acción de escalpar el Alma desnuda (315) que un artífice indeterminado, esa tercera persona masculina del texto –¿Dios, el Lenguaje, la Poesía o ese Otro que la invade?– ejerce sobre todo su ser.

Si en su obra reconocemos muchos de los rasgos propios del romanticismo, advertimos pronto que es el universo oscuro e inquietante de Coleridge, y no la benevolencia de Wordsworth ante la naturaleza, el que está en el trasfondo de sus versos. Su romanticismo tardío, de-

---

1. Ha sido inmenso el esfuerzo que la crítica y la historiografía dickinsonianas han dedicado a reconstruir con detalle el mundo «real» que habitó. La casa, el próspero y severo Amherst, la Nueva Inglaterra emprendedora y calvinista (véase George Frisbie Whicher, 1938; Thomas H. Johnson, 1955; Millicent Todd Bingham, 1955).

cadente, entronca muy directamente con esos románticos que exploran lo más oculto y siniestro, lo más insondable de la subjetividad moderna. Detrás de la aparente inocencia de algunos escenarios dickinsonianos nos aguardan experiencias aterradoras que acercan a la autora a su cuasi contemporáneo Edgar Allan Poe. Como él, Dickinson es el «cisne desdichado que mejor ha conocido el ensueño y la muerte» (en las memorables palabras que Darío dedica al autor de *Ligeia*). Si las tumbas, los espacios cerrados y asfixiantes de sus cuentos y poemas representan la clausura del ideal norteamericano de apertura y progreso sin límite representado por el optimismo whitmaniano, en la poesía de Dickinson encontramos una versión no menos desolada, una contrapartida no menos contundente a la inclinación idealizante y visionaria de su –por otra parte, admirado– Ralph Waldo Emerson. Dickinson, como Poe, es maestra en ese ámbito de lo siniestro y del horror. Como para el autor de «El cuervo», la naturaleza es para Dickinson un callejón sin salida en el que la muerte acecha.

Pero ese *decadentismo* literario se manifiesta también en la peculiar relación que establece entre literatura y vida. Los límites ahí se borran, se confunden. La pasión por la belleza y el arte es trasladada a la vida. El artista decadente, que ya en los umbrales de la modernidad encarna Baudelaire, está decidido a hacer del arte una *forma de vida*. Cuando en 1857 publica el poeta francés sus *Flores del mal*, cuando en el mismo año publica su traducción de los cuentos de Poe y en el prólogo teoriza, hasta invertir su sentido inicial, el apelativo de «decadente», Dickinson está, desde el silencio de su aislamiento, creando su propia versión del artista decadente. Mientras el moderno pasea su *spleen* y su *dandismo* por las calles de París, cual «el hombre de la multitud» en el que Poe dibuja su versión anticipada de la soledad moderna, la *belle* de Amherst está construyendo ya, desde su alcoba solitaria de la casa paterna, su mito: la versión femenina del *dandy* moderno.

La ambivalencia, la ironía y el desprecio por lo vulgar son ingredientes que componen su figura vestida siempre de inmaculado blanco, rodeada del enigma que tanto ha cautivado a sus lectores. Como sus hermanos poéticos, Dickinson se incluye en el texto a la vez que incorpora el texto a su existencia cotidiana y pone todo eso al servicio de una visión poética que se sitúa en el lugar del exceso, allí donde todo parece mórbido y artificial a las naturalezas más simples, como diría Baudelaire al introducir a Poe. En ese tránsito a la modernidad en que la presencia viva del artista simboliza su «diferencia» de forma tan decidida como provocadora, lo que está en realidad en juego es un nuevo espacio de indagación verbal. Baudelaire nos da la fórmula en su prólogo de Poe al decir de éste que él sí es un *realista*. Y es que, en efecto, lo que caracteriza a la modernidad es la indagación en el ámbito de lo imposible de decir, lo imposible de significar, lo imposible, también, de soportar. Es ese límite de lo inamovible lo que el arte moderno busca cernir. Hablamos de ese espacio de *lo Real* que Jacques Lacan ha elaborado teóricamente en la segunda mitad del siglo xx, diferenciándolo de *lo Simbólico*, el lenguaje y las formas culturales, y de *lo Imaginario*, todo lo relativo al cuerpo, a la relación especular entre los sujetos. Y diferenciándolo muy bien de lo que nosotros –y el realismo literario– entendemos por «realidad», ese conjunto imaginario de convenciones establecidas de las que Dickinson busca apartarse. No olvidemos tampoco que el año de su muerte, 1886, es el momento álgido del naturalismo literario y sólo dos años después vería la luz el primer monumento modernista de otro americano: *Azul* de Rubén Darío.

El arte moderno aspira a cercar lo Real y eso supone afrontar la dimensión más oculta de nuestro ser pulsional. Lo siniestro (que Freud analiza tan brillantemente) y la más desconocida de nuestras pulsiones, la pulsión de muerte, que el propio Freud plantea como reto al futuro, exigen ser explorados. Lacan dará otro nombre a ese Real, y lo denominará goce. Y no es casual que el arte sienta esa necesidad en el momento preciso en que la ciencia emprende imparable su arrogante «misión» de conquistar lo Real. Sabemos que la literatura, más que reflejar el estado de una cultura, engendra nuevas formas de vínculo social que más tarde configurarán lo cultural. La volcánica escritura de Emily Dickinson es ejemplo de ese efecto precursor de la palabra poética. Con Poe, ella es la primera en introducir ese Real que es la muerte en la literatura norteamericana y con ello cambia su signo y hace añicos su optimismo. La vasija de esta alfarera del lenguaje ya no está llena y ahora es la angustia, el vacío, la pérdida, la concupiscencia de haber querido saber, lo que ella introduce en la cultura norteamericana ante la resistencia y el desconcierto de sus coetáneos. Éstos prefieren desdeñar su poesía y limitarse a la contemplación morbosa de una excentricidad que ella, por su parte, alimenta con fruición. Tenemos documentos conmovedores de ese desencuentro de Dickinson con su tiempo, que iremos recorriendo; en especial la relación con Thomas Wentworth Higginson, ese gris hombre de letras en el que el azar –y la voluntad decidida de nuestra autora– depositan la responsabilidad de reconocer el don de la poesía en los versos que con respeto y aparente humildad ella le iba enviando con sus cartas, rebosantes de emoción contenida, de ingenio y de determinación.

A los pocos meses de iniciarse, en 1862, esa correspondencia entre la autora y su mentor Higginson, éste, mordido por la curiosidad, le solicita un retrato suyo. La respuesta de la autora es la siguiente: «¿Podría Ud. creer en mí—sin él? No tengo ningún retrato, ahora, pero soy pequeña, como el gorrión y tengo el cabello rebelde, como el caparazón de las castañas, y los ojos como el jerez que el huésped deja en la copa». Este retrato verbal y un daguerrotipo tomado a los diecisiete años son las únicas aproximaciones que tenemos a la persona física de Emily Dickinson. Entre sus excentricidades, la de no dejarse ver. Eso no le impide dejarse sentir. A través, siempre, de su palabra. Decíamos que es ella la artífice de su mito y eso es así tras cien años de investigación y comentario crítico. Muchas son las conjeturas y muy pocas las certezas. Por eso, más allá del *bios* reconstruido por sus biógrafos, queremos que sea ella la que nos guíe en el laberinto que con tanto cuidado como la araña de sus versos teje en hilo de perla. Empecemos por los datos más accesibles.

Apuntes biográficos: *My Business is Circumference*

Nace en 1830, la segunda de tres hermanos. Su infancia y juventud disfruta de todas las comodidades y privilegios propios de una familia de clase profesional burguesa de un jurista de Amherst, Massachusetts. Los Dickinson eran descendientes de aquella Gran Emigración que lidera John Winthrop en 1630 y crea la colonia de Connecticut. En la segunda mitad del siglo la familia se traslada a Massachusetts y se inicia una larga tradición de liderazgo e intensa vida pública que, varias generaciones después, llevaría a Samuel Fowler Dickinson, abuelo de

Emily, a fundar en 1814 la Amherst Academy, que luego se convertiría en el Amherst College. Tan loable empresa terminaría por acarrearle la ruina económica, pero el prestigio familiar está ya consolidado y encuentra tenaces continuadores en sus descendientes. De ahí que en tiempos de Emily, los Dickinson fueran una de las dos familias más influyentes de la próspera ciudad y su imponente casa de ladrillo rojo situada en el 280 de Main Street, conocida por todos como el *Homestead,* el núcleo más activo de actividad social e intelectual. Amherst no podía sospechar entonces que su nombre pasaría a la posteridad no por los méritos cívicos o históricos, ni siquiera académicos, de sus próceres más notorios, ni por la vida piadosa de sus fieles, sino gracias a la tarea silenciosa y secreta de su hija más insignificante.

Emily recibe una esmerada (aunque cautelosa) educación en los valores de un puritanismo que, en esos años cruciales de la historia de los Estados Unidos de América, está transformándose para adaptarse –desde una perspectiva más pragmática pero no menos individualista– a las necesidades sociales y políticas del momento. Y el momento es de cambio profundo: va a estallar en 1861 la Guerra Civil, el sistema esclavista y agrario del Sur va a verse sustituido traumática pero imparablemente por la sociedad moderna industrial. La Norteamérica arrogante e invasiva, con voluntad de dominio en el orbe, está forjando su optimismo ideológico hecho de los residuos profundos del calvinismo y gotas bien dosificadas de razón ilustrada al servicio de la nueva Utopía nacional y del empuje colonizador. La pujante nación ya había encontrado, aunque tardara aún en reconocerla, una voz entusiasta y esperanzada, abarcadora, desbordante en la que expresar una confianza ilimitada en un futuro democrático. Walt Whitman, el otro grande de la poesía en ese siglo magnífico de la literatura estadounidense, publica la primera edición de sus *Hojas de hierba* en 1855 y seguiría añadiendo a su canto de fusión con la naturaleza y con sus semejantes nuevas «hojas» durante tres décadas. Sobre ese optimismo podía la nueva nación asentar su «destino manifiesto».

La vida de Emily Dickinson no parece, sin embargo, tocada por ese ajetreo de la historia que tanto fascina a su coetáneo. De sus versos ella había oído decir que eran «vergonzosos» y probablemente no llegó a leerlos. Su destino, menos «manifiesto» que el de Whitman, había de forjarse a resguardo de todo movimiento de la historia. Completada su educación en la selecta Amherst Academy (1841-1847), la adolescente Emily se traslada –en la que será una de sus escasísimas separaciones de la casa paterna– al Mount Holyoke Female Seminary, cuyo rigor religioso le resulta opresivo, por lo que abandona un año más tarde. Si bien hace importantes amistades entre sus compañeras, su rechazo de toda institucionalización religiosa, su negativa expresa a hacer profesión pública de fe, y su salud delicada, devuelven a una Dickinson ya adulta a la casa paterna, de la que prácticamente nunca saldrá. Su papel social será desde ese momento el de hija mayor, encargada de la atención a los padres y del cuidado de la casa. Su hermana menor, Lavinia, compañera a lo largo de toda la vida, compartiría, desde su sentido práctico, esas tareas hogareñas con Emily. Ninguna de las dos llega a casarse nunca y sus vidas transcurren entre preparativos culinarios, atenciones al jardín y a los frecuentes visitantes a una casa que era, como decíamos, centro de la vida social e intelectual de Amherst.

Cuando su hermano Austin, jurista como el padre, y un año mayor que Emily, contrae matrimonio en 1856, la relación entre los tres hermanos, lejos de sufrir un distanciamiento, mantendría toda la frescura y la complicidad de los años infantiles. Intercambio de cartas, de libros, de inquietudes, incluso de conflictos, y estrecha convivencia familiar y social, pues Austin se instala en *The Evergreens*, casa vecina al *Homestead* y regalo del padre. El territorio vital de la joven Emily queda así ampliado muy favorablemente, sobre todo si tenemos en cuenta que la nueva esposa de Austin, Susan Gilbert, era amiga íntima de Emily desde la infancia y una de las personas a quien ella confiaba con más frecuencia sus poemas (están documentadas más de trescientas cartas que le envió con nuevos poemas a su amiga y cuñada). El corto espacio que separaba ambas casas es recorrido a menudo por Dickinson para llevar golosinas a sus sobrinos, o una carta o poema a Susan o, mucho más excepcionalmente, para acudir a recibir a un visitante que rompiera con sus nuevas la monotonía de la vida local. Susan fue una anfitriona conocida por la brillantez de sus reuniones sociales a las que acudían editores, políticos, hombres de letras. Es célebre la ocasión en que el poeta y filósofo Ralph Waldo Emerson acude a la casa, aunque quizá tal ocasión es registrada en la historia precisamente para destacar la ausencia voluntaria de esa Emily retraída que sus lectores reconocen.

Los biógrafos de la autora suelen explicar este retraimiento, en parte, por su dedicación a la madre, gravemente incapacitada durante años. Trataremos de matizar ese aspecto. Pero antes, recordemos al lector que no hemos hecho hasta aquí referencia alguna a Edward Dickinson, padre de nuestra autora, ni a su fiel esposa, Emily Norcross Dickinson. Quizá estemos con ese olvido alimentando la leyenda, justificada, por otra parte, de una madre ausente y un padre nada cercano. Sin duda la dimensión que esas figuras adquieren en el ánimo de nuestra autora escapa a la observación del biógrafo. Sólo podemos vislumbrar la sombra inmensa que proyectan sobre la subjetividad de su devota hija, pues ella hace reveladoras alusiones en sus cartas a amigos, familiares y a esos hombres de letras a los que desea confiar su poesía. Después de todo, son los centenares de cartas –se conservan 1.045– que escribe a lo largo de su vida las que, decíamos, contienen esa impresión de primera mano que constituye, junto con su poesía, el documento primordial para acercarnos a su mundo personal y literario. Entre ellas, las muchas notas y misivas que dirige al ya mencionado Thomas Wentworth Higginson, el hombre que tuvo la irónica fortuna de pasar a la historia como el escritor que no supo reconocer la grandeza de uno de los genios poéticos más extraordinarios de la historia. Ahondaremos en esa peculiar relación entre la poeta y el representante del *Establishment* literario del momento. Es harto elocuente. Aunque no lo es menos reconocer que de su pluma nos han quedado observaciones valiosísimas sin las cuales sería imposible el acercamiento a la realidad viva de nuestra autora.

Llevaban casi una década de correspondencia cuando Higginson hace una primera visita –habría otra años después– a Dickinson en el *Homestead* de Amherst. Traducimos aquí algunos fragmentos significativos de la carta que envía a su esposa –corre el año 1870– relatando su experiencia. Los detalles e impresiones que contienen ilustran con mayor inmediatez que el acopio biográfico el ambiente de la casa familiar y la singularidad de nuestra autora. La descripción que de su persona hace el «maestro» viene a confirmar, entre otras cosas, lo preciso de las pinceladas con que ella había dibujado su autorretrato verbal:

Se oyeron en el vestíbulo como los rápidos pasos de un niño, y entró suavemente una mujer menuda y sencilla, con el rostro encuadrado por dos graciosas ondas de pelo rojizo... Vestía un traje de piqué blanco, muy simple y de exquisita limpieza, y un chal de malla azul. Se acercó a mí llevando dos lirios, que con ademán infantil me puso en la mano, diciendo en voz baja y casi sin aliento: «Éstos son los que me presentan». Y añadió en un susurro: «Perdóneme si estoy asustada; nunca veo a forasteros y apenas sé lo que me digo». Pero lo cierto es que no tardó en charlar y lo hizo luego casi ininterrumpidamente.

Pero, también su forma de expresar su agradecimiento por la visita es revelador de su relación con el lenguaje y con el mundo: «Me dijo al despedirnos: "La gratitud es el único secreto que no puede revelarse por sí solo"». En efecto, exige esa presencia del otro que ella tiende a evitar. Forma parte de ese semblante social que Dickinson desdeña, de un hábito o de una convención que ella rehúye en tanto le produce temor. Quizá no es del todo casual que Higginson reseñe a continuación esta conmovedora alusión al borramiento materno: «Podría Ud. decirme qué es un hogar. Yo nunca tuve una madre. Supongo que una madre es alguien a quien uno acude corriendo cuando está afligido». Acompañada de otra que remite a otro temor, el miedo a la autoridad paterna: «No aprendí a leer el reloj hasta los quince años. Mi padre estaba convencido de que me había enseñado, pero yo no lo había entendido y tenía miedo de decírselo y miedo de preguntárselo a nadie, por si él se enteraba».

Entre ese padre, que Higginson percibe distante, sin ser severo, y una madre no menos lejana «—A mi madre no le interesan las cosas del pensamiento—» Dickinson va construyendo su estrategia defensiva, su reducto secreto, su espacio de exclusión y de renuncia social que tanto inquieta a ese testigo lejano: «No he estado nunca con nadie que agotara hasta tal punto la capacidad de mis nervios. Sin siquiera tocarla, extraía de mí toda la energía. Me alegra no vivir cerca de ella. Siempre le parezco cansado y da la impresión de estar muy pendiente de los demás», escribe Higginson tras su visita al *Homestead*.

Sin duda, esa intensidad amenazadora no está en el mismo plano que el Otro social que Higginson representa. Dickinson está dando forma y sustancia a su soledad desde otro lugar, desde un lugar Otro que el hombre de letras no alcanza a comprender, no puede soportar. Ella está inmersa en su circunferencia, recorriendo sus bordes para reconocer sus límites, calmando en el proceso un goce que sus poemas plantean, curiosamente, en términos económicos, otra estrategia sutil con la que poner su marca en la historia, en esta ocasión la historia del capitalismo, es decir, la historia de nuestra modernidad. Su léxico, sus metáforas, traducen al lenguaje capitalista la dialéctica difícil entre el goce mortífero y un deseo vivificador, deseo alejado del altísimo precio, el «coste» que supone el goce como insistencia que es de esa pulsión de muerte que Dickinson conoce tan bien. Codicia, glotonería, exceso, ebriedad son su «riqueza» siempre amenazada por el horror de la privación, y la pérdida. Una pérdida que sufre el cuerpo, que supone su mutilación, y que tiene como único e irónico producto la muerte, el «precio» que siempre se ha de pagar. Ante el peligro siempre acechante, la lógica de sus versos propone que «pérdidas» y «ganancias» se equilibren y tal cosa sólo es posible si el gasto se restringe.

Pero la tensión entre riqueza y pobreza se distiende cuando proclama su deseo de «atesorar» con avaricia el amor de los suyos. La opulencia de su lenguaje se convierte, entonces, en un desafío al mundo –masculino–

de riquezas mercantiles. Frente a esa concepción del «valor» reinante en el orden cultural, ella propone la esfera doméstica como ese ámbito donde la riqueza se mide por la intensidad y el signo del deseo. Ése es su tesoro y la casa, el amor de los suyos, la verdadera mina de oro a la que no consiente en renunciar. En ese espacio doméstico la figura de la *belle* de Amherst adquiere el aura que sus contemporáneos no alcanzan a percibir. Y ello a pesar de su insistencia en que es el presente el que da sentido al pasado: «Today, makes Yesterday mean», le dice a Higginson por si así lograra captar el impulso que anima su escritura. Habrá, no obstante, de seguir insistiendo, una y mil veces, ante la sonrisa condescendiente del mediocre patriarca de las letras: «Puede que yo le haga sonreír. No tengo tiempo para eso—Lo Mío es la Circunferencia».

Dickinson y su tiempo: una *suntuosa Destitución*

Para nosotros, lectores de hoy, el aura dickinsoniana tiene ya un nombre. Podemos pensarla, para tranquilizarnos, como fantasía romántica, como voluntad de excentricidad en que arropar su desolación: la diminuta mujer siempre vestida de blanco se nos aparece como una visión salida de las páginas de Dickens –nueva Miss Havisham abandonada a las puertas del altar– o refugiada en una buhardilla como la loca que en la célebre *Jane Eyre* (una de sus novelas favoritas) todos mantienen oculta. Quizá Emily Dickinson estaba, como Higginson decía, «partially cracked», es decir, un poco loca. Un conocido estudio psicoanalítico (Cody, 1921) así lo confirma y atribuye a la autora una tendencia a la psicosis que sólo su escritura es capaz de controlar. La propia autora confirma ese extremo al inicio de la correspondencia con Higginson presentándose como el muchacho que canta para ahuyentar el miedo cuando pasa delante del cementerio (véase la carta citada más adelante). En las metáforas que construye logra sustentar su ser, protegerlo de la temible y amenazadora invasión del Otro. Son metáforas de la que ella misma denomina «suntuosa Destitución», monumentales «Cúpulas de Abismo» que abrigan su ser y le otorgan una ilusión de significación, una verdad: «La verdad es una cosa tan poco frecuente que es delicioso decirla», le escribe a Higginson. Y es la verdad de su experiencia interior la que exige ser dicha en sus versos, y exhibida en lo real de su existencia[2].

De ese escenario de privación y del dolor de tanta ausencia brotan sus versos para dar forma y materia a una pérdida. En el proceso de escribir –inscribir– esa pérdida quedan escritos para el lector las figuras primordiales de la subjetividad moderna, enfrentada como está en el mundo de hoy a esa inexistencia del Otro que también puede manifestarse, en su reverso, como invasión delirante. Pero la pérfida lucidez dickinsoniana capta con fuerza estremecedora, un siglo antes de que la filosofía comenzara a constatar sus manifestaciones sociales, los efectos mortíferos de nuestro actual individualismo presto a deshacerse del Otro simbólico. El desajuste está también presente en esa poesía en tanto nos remite al eterno desajuste de los sexos, a la imposibilidad del encuentro amoroso que la lógica inflexible de su discur-

---

2. Los importantes trabajos que Jacques Lacan ha dedicado a las psicosis han puesto de manifiesto la estrecha relación entre las psicosis y el lenguaje, así como el papel central de la letra en la relación del psicótico con el mundo, que Lacan analizó en Joyce. Para nosotros esta perspectiva ha sido central en la lectura de la poesía dickinsoniana que aquí proponemos.

so poético sitúa en sus extremos más trágicos y más hermosos, también los más aterradores. En efecto, la suya es una poesía de lo sublime y se acerca a los límites de nuestra percepción del vacío, que en su proximidad, nos aterra y nos conmueve. La extrañeza que Dickinson descubre en lo más familiar, así como la familiaridad inquietante con lo extraño y abismal de que su poesía hace gala, acercan a su autora a ese universo gótico –barroco, también– y siniestro donde reina Poe.

Algo de esa *ex-timidad* está presente ya en el retrato verbal con que la autora suple la ausencia de una imagen suya que la curiosidad de Higginson solicitaba en una carta. Para éste, al menos por entonces, esta mujer de ojos como el poso del jerez no pasaba de ser un personaje que le intrigaba tanto como le inquietaba, alguien que pedía de él, del hombre de letras influyente que era, mucho más de lo que él podía dar. En abril de 1862, tras leer en el *Atlantic Monthly* de Boston el ofrecimiento de Higginson a los jóvenes autores para que le confiaran sus escritos, Dickinson le había dirigido esta petición, acompañada de cuatro de sus composiciones: «¿Está Ud. demasiado ocupado para decirme si mi Verso está vivo? La mente está tan metida en sí misma—que no puede ver con nitidez—y no tengo a nadie a quien preguntar». La respuesta no se hace esperar y la novel poeta recibe unas apreciaciones que ahora son célebres, no por lo que dicen de ella, sino por lo que revelan de la escasa perspicacia literaria de él. En cualquier caso, son muestra de la enorme distancia que separa a Dickinson del discurso de sus contemporáneos. Su respuesta no es menos conmovedora que sus versos y habla de su enorme coraje y convicción poéticas, convicción que ella sitúa por encima de las opiniones más «autorizadas» y decididas a ponerla en la senda de la «normalidad». Le agradece su «cirugía», pero no modifica un ápice su estilo y con maestría le devuelve sus comentarios más dolorosos. Leyendo esa misiva percibimos que nada detendrá su impulso poético, que para ella escribir es tan necesario como respirar:

Sr. Higginson:

Su amabilidad exigía una más pronta gratitud—pero he estado enferma—y le escribo hoy desde mi almohada.

Gracias por la cirugía—no fue tan dolorosa como suponía [...] Mientras mi pensamiento está desnudo—puedo distinguir, pero cuando les pongo su Vestido—parecen todos iguales y entumecidos. [...] Me preguntaba Ud. mi edad. No he escrito versos, más que uno o dos este invierno—señor—

He tenido Miedos terribles—desde septiembre—que a nadie podía contar—por eso canto, como el Niño cuando pasa delante del Cementerio—porque tengo miedo— Me pregunta qué Libros leo—respecto a los Poetas—tengo a Keats—y a los Browning. En Prosa—Ruskin—Sir Thomas Browne—y el *Libro de las Revelaciones*. Fui a la escuela—pero en el sentido que Ud. le da—carezco de educación. Cuando era muy Niña, tuve un amigo, que me enseñó la Inmortalidad—pero al aventurarse a acercarse, él mismo, demasiado—nunca regresó—Poco después, murió mi Tutor y durante años, mi Diccionario—ha sido mi solo compañero—Luego encontré a otro—pero no estaba conforme con que fuera su discípula—y abandonó estas Tierras.

Me pregunta quiénes son mis Compañeros. Las Montañas—Señor—y la Caída del Sol—y un Perro—más grande que yo que mi Padre me regaló— Son mejores que los Humanos—porque saben—pero nada dicen—y el ruido en el Lago, a Mediodía—es superior al de mi Piano. Tengo un Hermano y una Hermana—A mi Madre no le interesan las cosas del pensamiento—y mi Padre está demasiado ocupado con sus asuntos de leyes—para fijarse en lo que hacemos—Me compra muchos Libros—pero me pide que no los lea—porque teme que me trastoquen la Cabeza. Son religiosos—menos yo—y cada mañana invocan a un Eclipse—al que llaman «Padre». Pero temo que esta historia le canse—me gustaría aprender—¿Podría Ud. enseñarme a crecer—o es intransmisible—como la Melodía—o la Magia? (Johnson ed., 1971: 172-73).

Es difícil añadir algo a tan elocuentes palabras. Sólo hacer notar lo decisivo del momento. La carta es enviada a su «tutor» el 25 de abril de 1862. En esos años –entre 1862 y 1865– iban a producirse sus más extraordinarias composiciones (sólo en 1863 escribe casi trescientos poemas) y la demanda de ayuda y reconocimiento son la señal –nunca recogida– de la eclosión que empieza a estallar en su alma. La palabra, ella ya lo adivina, es su *farmacon*, la medicina y el veneno en que en adelante habrá de sustentar su frágil relación con el mundo. Por eso, a quienes, condescendientes o crueles, quieren desterrarla del Olimpo ella responde como Coriolano: «Yo te destierro a ti». Dickinson sabía que lo que para otros era «espasmódico» y sin control, era en ella su máxima fuerza. En otra carta del 7 de junio del mismo año, en la que, a pesar de sus críticas, insiste en solicitar de Higginson que sea su preceptor, le dice así:

Sonrío cuando Ud. me sugiere que aplace «publicar»—pues eso está tan lejos de mi pensamiento como el Firmamento lo está del Fondo del mar—

Si la fama me perteneciera, no podría escapar de ella—si no fuera así, el día más largo se me pasaría persiguiéndola—y la aprobación de mi Perro, dejaría de tenerla, me abandonaría—por eso—es preferible mantenerse en las Filas de a Pie—

Considera Ud. que mi ritmo es «espasmódico»—estoy en peligro—señor—

Considera Ud. que «no tengo control»—no tengo Tribunal (Johnson ed., 1971: 174).

La incomprensión del Otro le sirve de acicate y, por suerte para sus lectores, las críticas parecen aumentar la fe en su propia escritura, aunque la convencen también de la necesidad de mantenerse apartada de un público que estaba por llegar. De su posición da cuenta su conocido poema: «La Publicación—es la Subasta / De la Mente para el Hombre—» (709); pero además le dice a Higginson en otra misiva: «Yo nunca toco conscientemente una pintura que ha sido mezclada por otra persona». En efecto, la poesía de Emily Dickinson es la menos tocada por huella ajena que mi experiencia recuerda. En ella, apenas hay intertextualidad, no está la presencia de otros autores aunque sí las resonancias que remiten tanto en la forma de sus versos, derivadas de los libros de himnos protestantes, como en sus modos de interpelar a la Ley de Dios, a los textos bíblicos. En versos que hablan siempre del Otro como inaccesibilidad, Dickinson tiene como interlocutor silencioso y cruel a ese Dios cuyos designios ella cuestiona con la misma violencia que su indiferencia le hace padecer. Su deseo de unión, ese matrimonio divino que ella escenifica en distintos poemas, empieza en ilusión y amorosa entrega, pero es en verdad un entregarse a la Muerte que, ella sabe, la espera implacable a las puertas del cielo. Dios –en su poesía– pone brusco final a cualquier anhelo de eternidad.

Higginson es, en lo terreno, el mismo *Terminator*. Intuye su incompetencia y no sabe qué hacer. Quizá intuye también que su papel no es otro que el de termómetro del discurso social, sensor que señala a nuestra autora lo inoportuno de salir al exterior:

Algunas veces saco sus cartas y sus versos, querida amiga, y cuando percibo su extraño poder, no es raro que me resulte muy difícil escribir y que pasen largos meses. Tengo un gran deseo de verla, sintiendo siempre que si pudiera al menos una vez tomarla de la mano quizás podría ser algo para Ud.; pero hasta ese momento Ud. no cesa de envolverse en esa ardiente niebla y no puedo alcanzarla, y he de limitarme a gozar de las raras chispas de luz.

Veinte años después del peculiar encuentro que hemos relatado, Higginson rememora la ocasión en el *Atlantic Monthly* (octubre de 1891). Es notorio el esfuerzo por explicar su anterior falta de perspicacia en un momento en que –con su colaboración– se había ya publicado, con notable éxito lector, la poesía de su discípula:

La impresión que indudablemente causó en mí fue la de un exceso de tensión y de una vida anormal. Quizás con el tiempo yo hubiera podido sobreponerme a esa relación tensa que no fue impuesta por voluntad mía, sino por necesidad de ella. Desde luego, yo hubiera estado encantado de llevarla al nivel de la simple verdad y la camaradería cotidiana, pero no resultaba demasiado fácil. Era un ser demasiado enigmático como para que yo pudiera conseguirlo en un encuentro de una hora, y un instinto me decía que cualquier intento de interrogarla con apremio sólo hubiera conseguido que ella se replegara en su concha; lo único que podía hacer era quedarme sentado y observar, como hace uno en el bosque; he de nombrar a mi pájaro sin un arma, tal y como Emerson recomendaba.

Lo cierto es que el papel de Higginson en la vida de nuestra autora, en la visión retrospectiva que el tiempo nos otorga, es tan importante como paradójico. Si, por un lado, supone para la incipiente poeta la posibilidad tan deseada de dar a conocer sus poemas al mundo literario, el hecho –no sé si trágico o venturoso– es que la ceguera de él, lejos de detener el impulso poético de la enigmática joven, lo fomenta hasta el delirio sin en ningún momento dejarse domesticar por las opiniones literarias con que este convencional hombre de letras trataba de encauzar por los derroteros de lo «aceptable» el talento de la joven. Aunque, eso sí, el precio era alto; suponía renunciar para siempre a que sus poemas vieran la luz. En opinión de buena parte de la crítica, es gracias a esa renuncia temprana que nuestra poeta, libre de toda atadura al imperativo social, crea una obra tan excepcional y renovadora como secreta.

Ese blanco Sustento—la Desesperación: Dickinson, el amor y la crítica

Volveremos a la crítica para orientarnos sobre la visión actual de su obra. Entretanto, acerquémonos un poco más a los pobladores de esa realidad cotidiana en que Dickinson dibuja la circunferencia del amor: severidad distante del padre, silencio de una madre que nunca mostró aspirar a nada que estuviera más allá de la vida sosegada y gris que su prometido le dibuja en la última carta antes del matrimonio: «Tenemos poco tiempo, Querida mía, y probablemente tendremos pronto ocasión de adentrarnos en las serias obligaciones de la vida—¿Estamos preparados? Pero estoy demasiado cansado para 'moralizar'». De la relación con la madre dice Dickinson en carta a una amiga: «Nunca hubo gran intimidad entre Mamá y los Niños mientras ella fue nuestra Madre—pero las minas enterradas en el suelo se encuentran cuando se abren túneles y cuando ella se convirtió en nuestra Hija, llegó el Afecto—».

El padre había muerto en 1874 y su desaparición deja desolada a esta mujer que había circunscrito su destino a la casa paterna: «El Hogar está tan lejos del Hogar, desde que mi Padre murió». Un año después la madre sufre un infarto que la deja paralizada hasta su muerte en 1882. Son años de elegida reclusión cuidando a esa madre ahora convertida en «Hija» (¡por fin «amable»!) y de una rutina que atraviesa una breve, pero intensa, interrupción, al trabar nuestra autora una relación sentimental con el juez Otis Lord, gran amigo del padre, y dieciocho años mayor que ella. Se dice que el episodio constituye lo más parecido a una relación amorosa satisfactoria en la vida de Dickinson y que llegó a pensar en el matrimonio, pero el fallecimiento repentino de Lord, pone fin al proyecto. Es difícil saber lo que hay de verdad y lo que forma parte del mito con que la historia trata de llenar los vacíos más llamativos en la ponderación de una vida ligada a una obra. En todo caso, la propia poesía de nuestra autora rezuma pasión desbordante y, sepamos o no de sus condiciones concretas, la relación con el Otro sexo atraviesa los versos de Dickinson y les otorga sentido; si bien bajo la forma de la pérdida, bajo el signo infinitamente repetido de la imposibilidad.

¿Fue imposibilidad también lo que la separa de la otra figura masculina a la que remiten los estudiosos cuando hablan de su enamoramiento del Reverendo Charles Wadsworth, al que conoce en una de sus escasísimas salidas, en esta ocasión a Filadelfia? Descrito en una de sus cartas como «su amigo terrenal más querido», este devoto clérigo, ya comprometido en matrimonio, es para los historiadores literarios el gran amor frustrado de Dickinson, el misterio que otorgaría carta de verosimilitud a sus desbordamientos poéticos y referente central en su vida intelectual, el contrapunto ortodoxo a sus veleidades emersonianas y a sus tentaciones heterodoxas. La cuestión queda, inevitablemente, abierta. Más aún desde que en los últimos años, la crítica en su vertiente feminista se empeña en hipótesis más audaces y afirma que la verdadera destinataria de la pasión amorosa de Emily es su amiga de infancia y cuñada Susan Gilbert (Smith, 1992). Como prueba de esa pasión, suele citarse el texto de una dedicatoria que ella le dirige en una ocasión: «para la Mujer que yo prefiero, he aquí un Festival—Donde mis Manos corten, Sus dedos se hallarán dentro—».

Tan dickinsoniana mutilación del cuerpo, metaforizado como continente físico de emociones que están, físicamente también, insertas en su interior, aun proviniendo del cuerpo del otro (su poema 861 es otra versión de ese interior exteriorizado), habla, sin duda, de un fuerte apego y de una gran intimidad entre las dos mujeres. Sin embargo, la línea, el límite, entre esa intimidad, llena sin duda de erotismo, y lo real de la relación sexual, siendo muy sutil, nos parece determinante cuando nos remitimos a la experiencia directa de nuestra autora. La documentación epistolar de su relación, recién editada en exhaustivo volumen (Hart y Smith, 1999), aunque abundante, está llena de lagunas, pues al parecer su hermano Austin, marido de Sue, mutiló muchas de las cartas, tachando nombres y párrafos completos. Aun así, son muestra evidente de la intensa amistad que las unía, amistad sin duda sublimada y por eso encauzada por los derroteros del goce verbal del que las cartas son tan ardiente testimonio. Quizá el no establecer la importante distinción entre el plano de lo real, y los otros registros imaginario y simbólico en que construimos nuestros afectos, ha conducido a graves malentendidos en todo un ingente número de trabajos, algunos muy destacados, llevados a cabo desde la perspectiva feminista (Gilbert y Gubar, 1984) y desde los estudios gay y lesbianos tan de actualidad hoy en el mundo académico norteamericano (Grabher, Hagenbuchle y Miller eds., 1999). Por mi parte, creo que lo que la escritura de nuestra autora sí revela, y lo demás resulta irrelevante, es su tendencia a la erotomanía, a esa búsqueda de «el Hombre» que, en poemas y cartas, aparece como Dueño absoluto, interlocutor imposible, pero referente central –necesario– en la relación de la autora con el lenguaje.

Si la versión más extendida de tan secreta vida habla de una profunda e irreparable decepción amorosa que sume a una joven Emily en la desesperación y la renuncia más desoladoras, la moderna revisión sostiene que las cartas célebres que ella dirige al ser amado, al que invoca como su Dueño –*Master*– y causante de tanto dolor, eran en realidad borradores de cartas que pensaba enviar a su amiga (a la que en ocasiones se dirige en términos masculinos) o mera invención. Lo que, en cualquier caso, parece indudable es que esas misivas saturadas de anhelo y agonía, de ansia de sometimiento y de unión, a duras penas parecen presentarnos a una precursora del actual *girl-power*, aunque sí a una mujer atravesada por el dilema de la división subjetiva y de la ausencia de relación sexual, es decir, por la falta en el orden cultural de una proporción lógica en que fundamentar la eterna guerra de los sexos. Transcribimos aquí uno de los fragmentos más representativos de esa misteriosa pasión epistolar que quizá no fuera sino un ejemplo más del rapto solitario que ata su destino al de la letra, tuviera o no destinatario:

Hincada de rodillas como en aquella ocasión que la condujo a una quietud sin palabras, ahora Daisy se agacha como un condenado—dile cuál ha sido su ofensa—mi Dueño—si es lo bastante pequeña para pagarla con su vida, [Daisy] estará satisfecha—castígala, no la destierres—enciérrala en prisión, Señor—solo pido ser perdonada—alguna vez—antes de llegar a la tumba, y a Daisy ya nada importará—Al despertar ella será a semejanza tuya (Johnson ed., 1971: 167).

Nada podremos saber de lo real de tales ensueños, sino que sostienen a esa Daisy-Emily en su relación con el mundo. Casi veinte años después de esa carta –por su caligrafía se ha deducido que debió ser escrita hacia 1862– Dickinson escribe otra serie de mensajes llenos de pasión y rebosantes de erotismo a un hombre que esta vez sí pertenece al ámbito de lo tangible: «Doy gracias al creador del Cielo y la Tierra por haberme traído a él para amarlo—me inunda el júbilo—no encuentro mi cauce—el Arroyo se tornó Mar al pensar en ti—¿lo castigarás?—» (Johnson ed., 1971: 244). Se trata aquí del ya mencionado juez Otis Lord, recién enviudado, que lejos de castigarla, le propone matrimonio. Para algunos biógrafos fue la muerte repentina de éste la que impide esa unión. Para otros estudiosos, Dickinson no acepta la propuesta y prefiere no perder su independencia y seguir en el papel visible de enfermera de la madre, garantizando así su libertad e invisibilidad para entregarse en sus noches solitarias a la escritura de exaltadas cartas y no menos apasionados y asombrosos poemas.

Habiendo elegido situarse más allá de la historia, incluso más allá de su propia historia, el tiempo dickinsoniano sólo accede a revelarse en los instantes fugaces –ahistóricos– de reconocimiento. Lo que sus textos captan es el momento decisivo del *après-coup*, la precipitación inesperada de una significación. Desde ese lugar de encuentro y de pérdida, de iluminación y ceguera, puede Dickinson dirigir su ironía a un devenir histórico sumido en el laberinto de una repetición en la que ella propone introducir la diferencia y proclamarse Eva. A los dieciséis años escribe a su amiga y compañera de estudios Abiah Root: «Últimamente he llegado a la conclusión de que soy Eva, alias Sra. Adán. Ya sabes que no se da cuenta de su muerte en la Biblia, y ¿por qué no voy a ser yo ella?».

Primera mujer y esposa primera, portadora de la discordia en esa manzana que se ofrece al lector en cada uno de los poemas. Fruto de un conocimiento en el que está ya escrita la caída, en que el juego sutil que la palabra poética establece entre lo que ha de quedar velado y lo que accede a desvelarse pasa inevitablemente por ese límite cuyos extremos y bordes ella recorre y explora, a los que nos transporta una vez reconocidos, nombrados, localizados en su proximidad al abismo: «No hay Narcótico que aquiete al Diente / Que va royendo el alma—», concluye en su poema 501, tras examinar el precio que la humanidad ha pagado en nombre de la fe. Por eso, cuando Abiah Root sucumbe a la llamada de la Iglesia, Dickinson le señala, casi con desdén, lo inhabitables que le resultan tan familiares refugios: «La orilla es más segura, Abiah, pero yo amo combatir los mares—puedo contar los amargos naufragios aquí en estas aguas amables, y escuchar el murmullo de los vientos, pero, ¡ay, adoro el peligro!». Eva impenitente o «Reina del Calvario», la osadía era elemento tan vital como eran dolorosas sus consecuencias y Dickinson hubo de soportar desde edad temprana el desgarro continuo que infligía sobre su ánimo la deserción de quienes al optar por el matrimonio o por la religión iban dejando un vacío en su día a día que ella, desde el reconocimiento y el dolor de la pérdida, consigue transformar en poesía, en la sustancia misma de su ser.

Como el imponente *Homestead* en que transcurren sus días, la vida de Emily Dickinson tiene más de una planta. Abajo están los pobladores de su geografía cotidiana, esa serie de figuras masculinas que ya hemos introducido –Edward Dickinson, su hermano Austin Dickinson y esas visitas que en muy excepcionales ocasiones ella se dignaba recibir, el predicador Wadsworth, el editor Bowles (¿otro de sus amores no correspondidos?) y el bueno de Higginson– y las figuras femeninas que acompañan su vida: la madre, Emily Norcross, a quien «nada interesan esas cosas» que a Dickinson importan, su hermana Lavinia, sus amigas de infancia y juventud y en un lugar muy especial, la inquietante Susan Gilbert, cuya amistad supera todos los contratiempos, sobre todo el fracaso de su matrimonio con Austin. Durante años mantiene éste una relación clandestina con Mabel Todd, otra intelectual –también casada– de la burguesía de Amherst a quien Lavinia habría de confiar, muerta ya Dickinson, la primera edición de sus poemas (Todd y Higginson eds., 1890; 1891; 1896).

Espacio para el Otro social en que nuestra autora no se prodiga, ocupada como está en ejercer su libertad, su personal manera de entender ésta, en el interior de sus dominios: el piso de arriba del *Homestead*. «El hogar no está donde está el corazón, sino en la casa y en los edificios adyacentes», dice en una de sus cartas y la afirmación es indicativa del peso simbólico que tiene para ella la casa. Quizás ningún poeta haya nunca vivido tanto y tan provechosamente en una sola casa; mejor, en una sola habitación. Su sobrina Martha cuenta que en una ocasión en que la visita, Dickinson nada más entrar hace un gesto de cerrar la puerta con una llave imaginaria y le dice: «Matty: here is freedom» (véase Rich, 1979).

Como si al cerrarse esa puerta la realidad del piso de abajo se alejara y se abriera ante ella un universo de libertad. En éste, los pobladores son otros. Aquí su compañía pertenece al mundo simbólico. Y es el efecto de la peligrosa costumbre de leer, contra la que ya Cervantes –y el Sr. Dickinson– nos tenía bien avisados. Y sin embargo, Emily comparte su amplia habitación con los personajes bíblicos, los creados por Shakespeare; la visitan ahí los románticos más rebeldes, los más optimistas, como Emerson, las mujeres que alimentan su imaginación y le otorgan una genealogía: George Eliot, Elizabeth Barrett Browning, Charlotte y Emily Brontë. El paisaje así pensado es denso, oscuro, excesivo, decadente. Desde ese espacio de libertad que es espacio de goce, desde esa habitación propia, Dickinson da nueva –e insospechada– vida a su mundo interior situándose en su límite para construirlo como exterioridad absoluta, como enigma. Lo íntimo está en sus textos contemplado en su más pavorosa extimidad: «el Alma tiene momentos de Atadura—» (512) y la metáfora hace de esa alma bella, cuerpo doliente visitado por el miedo. Pero hemos de escribirlo con mayúsculas, pues el Miedo, Duende lascivo y Amante voraz, es el *partenaire* preferido por esa voz poética que oscila entre la exaltación –la huida– y el encuentro reiterado con el Horror.

Pero ahora que ya estamos en el recinto secreto vemos que si la densidad y el exceso dan un espesor en ocasiones gótico, casi siempre siniestro, a la palabra poética dickinsoniana, el paisaje exterior, por contraste, está hueco, es inexistente. Su deseo no es pintar un cuadro, ni escribir un poema, nos advierte su poema 505, sino contemplar su imposibilidad. Quizá tengamos ahí una clave de su posición enunciativa, de su relación con el objeto poético: gozar de su imposibilidad, de la «suntuosa Desesperación», del «dulce Tormento» que tal límite provoca: «¡Cuál sería la Dote, / Si tuviera yo el Arte de anonadarme / Con Relámpagos de Melodía!», concluye este impresionante texto. Nada remite a un referente extratextual, no hay representación de una escena. Todo está volcado en esa búsqueda de conexión que el texto construye como materia verbal, como vínculo entre un significante y otro cuya imposibilidad de encadenamiento el poema formula y, a la vez, desmiente.

Es ese privilegio atroz del lenguaje el que la poesía de Dickinson explora en sus extremos. La palabra, el significante, prima sobre el significado y el sesgo es central si queremos acercarnos a la relación del sujeto dickinsoniano con el lenguaje. En sus versos la palabra es el objeto mismo, se muestra cosificada. Todo es ahí inscripción directa que se presenta como rasgo unario, como principio cifrado de toda posibilidad de significación.

Ese intento de llevar la significación a su límite máximo es su arma defensiva contra los discursos sociales de su tiempo. La poética de Dickinson se sitúa –lo decíamos al comienzo– a la intemperie, lejos del hogar cálido de la civilización, y el poema no puede ser para ella sino ese acontecimiento nuevo, ese acto perseguido con pasión –concupiscencia, decíamos– que es el «momento de comprender». Actos en el límite en una cultura –la norteamericana– que aspira a borrar los límites. No es, pues, de extrañar que en la historia literaria de esa nación la figura de Emily Dickinson emerja solitaria, inclasificable. Sagrada, decíamos, aun entre los gigantes que constituyen el canon de ese siglo de oro estadounidense que es el xix. Herman Melville (1819-1891) había publicado esa «gran epopeya del padre loco» que es su *Moby Dick* en 1851. En esos años Dickinson quizás ya había traducido a sus propios términos *the whiteness of the whale*, vistiendo *religiosamente* de blanco piqué. Un año antes, en 1850, Nathaniel Hawthorne, con *The Scarlet Letter*, había construido la feminidad como sacrificio y redención de un modo no muy lejano de las coordenadas simbólicas que sustentan la filmografía del católico Lars von Trier (convertido de su luteranismo) a comienzos del siglo XXI.

Pero Emily Dickinson no está en esa serie femenina desde el momento en que ella se escribe a sí misma en el límite del saber, en el espacio subjetivo que se abre entre el saber y la verdad. Ahí emerge su voz como carencia, como sujeto de una pérdida; por eso sus momentos de álgida pasión son siempre momentos de ausencia: «Así que hemos de estar unidos y a distancia— / Tú ahí— Yo—aquí— / Con la Puerta apenas entreabierta / Pues los Océanos existen—y Plegarias— / Y ese Blanco Sustento— / La Desesperación—».

Ausencia que es renuncia. Aprendizaje de soledad y conclusión necesaria en la férrea lógica, en la esquelética sintaxis, a la que cada estrofa de ese deslumbrante poema 640 somete al Amado –y al lector–. Destino que se escribe inscribiéndose en lo Real como escena de goce, y en lo simbólico como desesperación ante la imposibilidad de la relación sexual. Si la fuerza –el poder– de la voz poética dickinsoniana sobrepasa con mucho a la de su admirada Elizabeth Barrett Browning, ello se debe a la ambivalencia, la duplicidad perversa en que la posición subjetiva de la norteamericana se exhibe en sus versos. Si en sus poemas convencionalmente «femeninos» parece ajustarse a las expectativas de la cultura: sentimentalismo, confianza y deleite en una naturaleza de rostro inocente y amable (en que siempre hay, no obstante, algo inquietante que acecha), en sus composiciones más intensas es el reverso de esa convención lo que Dickinson muestra. Violencia sobre el cuerpo, violación y muerte es la otra cara del (des)encuentro entre los sexos y ese contrapunto es el que otorga a su poesía todo el misterio y la acerca a nuestra percepción moderna.

Las figuras diversas a las que ella da voz se hacen representar por significantes masculinos; así aparece como un muchacho, o un Zar, un Conde o un Duque, máscaras alternativas al imperativo social. Las identificaciones de género, Dickinson lo sabía bien, son cambiantes, fluctúan constantemente, como ocurre en nuestra subjetividad, y el juego a que ella se entrega en el poema explota todas esas variaciones y nos hace sentir sus servidumbres. Por eso, el monumentalismo –grotesco– en que se muestran sus múltiples máscaras ha de entenderse no como su adscripción al universalismo masculino, sino como una estrategia de des-sexualización, un intento de acallar el conflicto interior. Si, como ella sostiene, la Naturaleza es una casa hechizada, su Arte aspira a ser también ese hechizo. Poder que ella lleva más allá del destino que la anatomía le señala, a extremos y paradojas en que la Palabra, su Arma Cargada, una vez recorrido su camino, encuentra su límite en el punto de retorno de su circunferencia, reencuentro ineludible y feroz con la Naturaleza y con el Amor en el momento necesario de la conclusión donde la voz poética se reconoce en su límite: «Porque Yo sólo tengo el poder de matar, / Sin—el poder de morir—» (754).

En casa de Emily Dickinson: sobre esta antología y traducción

«Si leo un libro y mi cuerpo se hiela hasta el punto de que no hay fuego que pueda calentarlo, entonces sé que eso es poesía. Si me siento físicamente como si me arrancaran la tapa de los sesos, sé que eso es poesía.» Dickinson quiso dar esa radical pista de lectura a un ofuscado Higginson en su primer encuentro. También para mí fue una pista: ¿cómo no haberme visto sobrecogida por el miedo y la angustia si mi niñez y adolescencia habían escuchado las sordas sonoridades de Rosalía de Castro?

He querido, en mi papel de antóloga –y también en el de traductora– tomar esa imagen gótica y grotesca como punto de referencia y criterio de selección de los ciento un poemas que este volumen ofrece al lector[3]. Eso no ha impedido que las composiciones más amables y dulces, a menudo las más tempranas, estén también representadas. ¿Cómo obviar el contrapunto esencial que ofrecen con sus textos más inquietantes? Sin embargo, por haberse traducido con más frecuencia en anteriores antologías en lengua española, he preferido poner ahora el peso en la Dickinson decadente y fuerte, la que justifica su lugar entre los grandes, la reconocida universalmente, pero, sobre todo, la que más se acerca a nuestra modernidad, la que se adentra en la indagación en lo Real, es decir en el Mal que nos acecha desde dentro y no únicamente desde el exterior. No debe ser casual que la huella que dejaron mis primeras lecturas adolescentes sea la imagen de una Dickinson triunfante que acompañada de su galán, la Muerte, es transportada en veloz carruaje a un más allá de ciudades y gentes, hacia esa Eternidad (712) en que ella localiza su ser como completo, colmado ya el deseo, en la Muerte[4].

---

3. Hemos adoptado el texto de la edición canónica de Thomas H. Johnson, 1955.

4. Presencia que en el texto, es decir, en el universo imaginario de la autora, es masculina, aunque en la traducción, la lengua castellana nos obliga a «feminizarla». Imposible, no obstante, reducir el poema a un sólo sexo, cuando está en juego ahí el encuentro con el «Otro sexo» que la poética de Dickinson sitúa en la muerte. Nuestra traducción recoge esa «diferencia» a costa de la renuncia a la «total» concordancia de la lengua, vacilación no enteramente ajena a nuestras vacilaciones más cotidianas.

Largos meses de intimidad con Dickinson, en ese piso de arriba que casi nunca abandona, con los fantasmas que pueblan su alcoba, nos sitúan en ese punto en que el lenguaje toca –penetra– el cuerpo y lo sacude de arriba abajo, lo transforma. Pensé que debía eso al lector en lengua castellana. Idéntico criterio al que tan románticamente manifiesta la autora. Pero, además, eso es lo que el propio texto nos exige: una traducción *translúcida* (si podemos partir del ideal). Exige ser tomado en su dimensión Real, en su materialidad, ahí donde el significante impone su presencia, su marca sobre el cuerpo. ¿Es posible duplicar esa marca en la traducción desde la fijeza, la *necesidad* con que se presenta al lector? Ahí se hace sentir el peso del texto original. Nunca mejor dicho: trabajar con sus versos es sentirlos muy cerca de la cuestión del origen, o de lo Uno. El texto de Dickinson tiene ese poder, ese peso temible de lo nuevo, de un decir primero. Con ella fuimos Eva, con ella fuimos cogiendo el gusto amargo, pero exultante, que proporciona ese peligro que ella tanto adora.

De ahí la intemperie en que ha de trabajar el traductor; pero es sólo por un tiempo. Uno llega –con Disciplina– a entrar en calor, a sentirse en casa en esa tela de araña construida –entre majestuosa y humilde– sobre el abismo de la forma. Es en la retroactividad de la lectura donde encontramos un nuevo clima, donde podemos entregarnos al goce de la letra, participar en su desciframiento, reconocer mejor los contornos de su circunferencia. Si Dickinson elige contemplar, observar, desde fuera, desde los bordes, en esa exterioridad, en ese límite, se sitúa mi lectura. Es sólo en la relectura repetida de sus textos –del conjunto de sus textos– donde empezamos a percibir las conexiones, la red de significaciones en su singularidad y en su insistencia.

En ese *après-coup* encontramos el fuego que nos permite abandonar la intemperie, templarnos y encontrar acomodo en *lalengua* dickinsoniana, en su sintaxis contorsionada, en su lógica –tan inflexible como inesperados son sus efectos–, en los significantes que retornan, insisten en hacerse presentes, reclamando su lugar preciso en el entramado simbólico del texto. Para ello también han tenido que sufrir múltiples contorsiones y desplazamientos: el verbo se sustantiviza, el sustantivo se torna verbo, el adjetivo pasa a ocupar el lugar del sustantivo o del verbo. En ese mundo «otro», la calculada y traviesa ambivalencia de la enunciación, donde el pronombre esconde su referente y su género, en nada contribuye a la transparencia del sentido. Sin olvidar lo que la autora quiere dejar bien claro a Higginson: «Cuando yo me afirmo, como Representante del Verso—no quiere decir—que sea yo—sino una persona supuesta».

Las máscaras autoriales son cambiantes, múltiples, adoptan diversos registros, pero tras ellas la mirada es siempre penetrante e irónica, se hace fuerte en su misma fragilidad cuando dice su ser. Es una fuerza que surge de la necesidad misma. Hay algo muy radical y necesario en sus metáforas, que funcionan en su dimensión más literal, es decir, más originaria y también la más concreta. El tropo hace de la idea un objeto, una materialidad nueva. Las personas se tornan cosas y las cosas están personalizadas, magnificadas en su ser más físico. En ese nudo denso de significaciones todo está visto en su límite extremo y todo ha sufrido una transformación, una explosión, a menudo silenciosa.

El acto de traducción ha de someterse a ese estricto régimen discursivo. Si al comienzo del proceso me guiaba la intuición de que la literalidad había de ser mi principal estrategia de aproximación a los textos, al final del recorrido la duda se torna decisión firme. No caben variaciones más allá de las que me impone la lengua castellana. También traducir supone vérselas con lo Real de la lengua, con sus equívocos, sus imposibilidades. La doble mediación del traductor, esa que divide siempre sus fidelidades y sus servidumbres, me ha exigido que sea la autora mi «único Amo». ¿Es eso posible sin que sufra el castellano, sin lastimar al lector? A éste corresponde decidir sobre ese punto. Ojalá sus criterios no sean demasiado higginsonianos; aunque, después de todo, el verso de Dickinson es, como decía él, espasmódico, cortante, fragmentario, no se deleita en lo armónico, busca esa ruptura como busca encontrarse con el silencio, como aspira a una ambivalencia que más que liberar al traductor le ata a ese plano oculto en que todo responde a un rigor interno que no admite desplazamientos.

Con todo su contorsionismo, el lenguaje de nuestra autora es de un enorme efecto, de una asombrosa magnificencia que esperamos haber podido mostrar en la traducción, aun sabiendo que el nuevo texto es «otro» texto. Imposible olvidar que la nueva vida de estos ciento un poemas se sustenta, ineludiblemente, en su diferencia. Diferencia que hemos querido sea mínima, desde luego. Las sonoridades, el ritmo interno del verso, es decir, su materialidad es ahora necesariamente la que el castellano promueve, pero sí hemos mantenido la característica distorsión de la sintaxis, y, más esencial aún, la puntuación. Dickinson sabe que es en el uso de ese elemento de corte donde se fija el sentido de un enunciado y su virtuosismo en ese juego de polivalencias es central, como hemos ya señalado. En los momentos indecidibles, los que la autora deja abiertos, ¿qué hacer sino optar por una de las lecturas posibles? Quizá sea en este punto donde mi modo de leer no siempre coincide con los de quienes me han precedido en la tarea de traducir a la poeta de Amherst. Sin duda, la sintaxis dickinsoniana –y el modo de puntuarla– es uno de los grandes escollos para el traductor.

El primero en traducir tres de sus más breves composiciones (674, 1687, 308) al castellano fue, cómo no, Juan Ramón Jiménez en el *Diario de un poeta recién casado* (1917). El poeta de poetas –y no sólo uno de los grandes modernistas en lengua española–, el creador de la misma familia espiritual que Mallarmé, ha oído muy bien que la puntuación es un enunciado poético. Y helo aquí respetando las mayúsculas –que siempre dicen algo, que siempre en sesgo *pro-nuncian* un enunciado–; respeta también la errancia, sabiendo que la puntuación y, sobre todo, esos guiones dickinsonianos, traen y llevan el sentido. Esa pausa, esa hiancia nos conduce por las vías del silencio que sus versos nos invitan a escuchar.

Otra temprana y lírica versión, de los escritores Ernestina de Champourcín y Juan José Domenchina, publicada en México en 1946 (edición española de 1989), muestra ya la tendencia a dulcificar a Dickinson que también es muy visible en las magníficas y románticas versiones métricas de Mariá Manent (1994). Se advierte esa lectura no sólo en el criterio de selección, sino muy acusadamente en la domesticación de la bella salvaje de Amherst. Finalmente, la copiosa selección (la más amplia en lengua española) de la escritora argentina Silvina Ocampo (sí *Sur),* le revela al lector actual una endeblez de lectura, que resulta chocante, y justamente por ello, debilita lo «chocante» y «espasmódico» de esa búsqueda de la verdad –a través de la palabra– que el lenguaje de Dickinson arroja en torrentes.

Yo, por mi parte, he aprendido, traduciendo a Emily Dickinson, que ni siquiera la palabra sirve para atrapar ese torrente de «banalidades» que ella me transformaba en lo más siniestro *(das Unheimliche)*. Hube, pues, de enfrentarme a mi propio miedo de que las palabras digan menos cuando son ya letra y, en cambio, había que aguzar el oído para seguir el sentido a través de sus torrentes, de sus aguas límpidas, de sus vertientes, de sus pausas o quietudes y del silencio.

Barcelona, marzo de 2001

Bibliografía selecta

Ediciones de la obra de Emily Dickinson

TODD, Mabel L. y T. W. HIGGINSON (eds.), *Poems by Emily Dickinson*, Boston, Roberts Brothers, 1890.
- *Poems by Emily Dickinson*, 2nd Series, Boston, Roberts Brothers, 1891.
- *Poems by Emily Dickinson*, 3rd Series, Boston, Roberts Brothers, 1896.
- *Letters of Emily Dickinson*, Nueva York, Harper & Brothers, 1931.
TODD, Mabel L. y M. Todd BINGHAM (eds.), *Bolts of Melody. New Poems of Emily Dickinson*, Nueva York, 1945.
FRANKLIN, R. W. (ed.), *The Poems of Emily Dickinson: Variorum Edition* (3 volúmenes), Cambridge, Mass., Harvard University Press, 1999.
JOHNSON, Thomas H. (ed.), *The Complete Poems of Emily Dickinson*, Nueva York, Little, Brown & Company, 1955.
- (ed.), *Emily Dickinson. Selected Letters*, Cambridge, Mass., Harvard University Press, 1971.
HART, E. L. y Martha Nell SMITH (eds.), *Open Me Carefully: Emily Dickinson's Intimate Letters to Susan Huntington Dickinson*, Nueva York, Paris Press, 1999.
Antologías y traducciones en lengua española
ARDANAZ, Margarita (ed.) y (trad.), *Emily Dickinson. Poemas*, Edición bilingüe, Madrid, Cátedra, 1987.
CHAMPOURCÍN, Ernestina de y DOMENCHINA, Juan José, *Emily Dickinson. Obra escogida* (1946), Madrid, Torremozas, 1989.
«De Emily Dickinson», trad. de Juan Ramón Jiménez, *Diario de un poeta recién casado*, Madrid, Visor, 1998: 251-252.
JORDANA, R. y MACARULLA, M. D., *Emily Dickinson. Cien poemas*, Bilingüe, Barcelona, Bosch, 1980.

MANENT, Mariá, *Emily Dickinson. Poemas,* Barcelona, Juventud, 1994.

OCAMPO, Silvina, *Emily Dickinson. Poemas,* Barcelona, Tusquets, 1985.

Biografías de la autora

JOHNSON, Thomas H., *Emily Dickinson,* Cambridge, Mass., Harvard University Press, 1955.

LEYDA, Jay, *The Years and Hours of Emily Dickinson,* New Haven, Yale University Press, 1960.

SEWALL, Richard B., *The Life of Emily Dickinson,* 2 vols., Nueva York, Farrar, Straus & Giroux, 1974.

WHICHER, G. B., *This Was a Poet,* Nueva York, Charles Scribner's Sons, 1938 (reimp. The Shoe String Press, 1980).

Estudios críticos

CODY, John, *After Great Pain,* Cambridge, Mass., Harvard University Press, 1921.

EBERWEIN, Jane, *Dickinson, Strategies of Limitation,* Amherst, Mass., The University of Massachusetts Press, 1985.

FARR, Judith, *The Passion of Emily Dickinson,* Cambridge, Mass., Harvard University Press, 1992.

– (ed.), *Emily Dickinson. A Collection of Critical Essays,* Nueva Jersey, Prentice Hall, 1996.

GILBERT, Sandra M. y GUBAR, Susan, *The Madwoman in the Attic. The Woman Writer and the Nineteenth-Century Literary Imagination,* New Haven, Yale University Press, 1979 (Edición española: *La loca del desván. La escritora y la imaginación literaria del siglo XIX,* Madrid, Cátedra, 1999).

GRABHER, G., HAGENBUCHLE, R. y MILLER, C. (eds.), *The Emily Dickinson Handbook,* Amherst, Massachusetts University Press, 1999.

PAGLIA, Camille, *Sexual Personae. Art and Decadence from Nefertiti to Emily Dickinson,* Londres, Penguin, 1992.

PETRINO, Elizabeth A., *Emily Dickinson and her Contemporaries,* Hanover, N. H., New England University Press, 1999.

RICH, Adrienne, «Vesuvius at Home: The Power of Emily Dickinson», en S. M. Gilbert y S. Gubar (eds.), *Shakespeare's Sisters. Feminist Essays on Woman Poets,* Bloomington, Indiana University Press, 1979: 99-121.

SMITH, Martha Nell, *Rowing in Eden: Rereading Emily Dickinson,* Austin, University of Texas Press, 1992.

Índice de primeros versos en castellano

A salvo en sus Moradas de Alabastro— 23

Abre a la Alondra y en su interior—encontrarás la
    Música— 165

Al morirme—una Mosca oí zumbar— 85

Alguien ha Muerto en la Casa de Enfrente 59

Antes de que el ojo me cerraran 49

¡Buenos Días—Medianoche— 71

Cedida—he dejado ya de Pertenecerles— 99

Cómo se empapan de Ocaso las Montañas 39

De cercanía a sus Cosas alejadas 131

Derrumbarse no es Acto de un instante 179

Después de un gran dolor, viene una emoción
    solemne— 53

Detrás de Mí—la Eternidad desciende— 153

El Agua se conoce por la sed 13

El Ajetreo de una Casa 187

El Alma elige su propia Compañía— 43

El Alma tiene momentos de Atadura— 103

El Cerebro—es más ancho que el Cielo— 139

El Cerebro, sin salirse del Surco 113

El Ciervo *Herido*—salta con más fuerza— 17

El Corazón tiene Orillas estrechas 171

El éxito resulta más dulce 9

El Exterior—del Interior 81

El Matiz que no alcanzo —es el mejor— 137

El Reino de quienes se Salvaron 109

El Viento arrastró cuanto en el Norte había 203

Ella manejaba sus bellas palabras como Espadas— 89

En Invierno en mi Cuarto 215

En la Mente sentí una Hendidura— 173

Encerrada me tienen en la Prosa— 135
Entre la forma de la Vida y la Vida 195
Era como un Remolino, con una abertura 67
Es la mucha Locura la mayor Sensatez— 73
Esposa—seré al romper el Día— 83
Esta Conciencia que conoce 161
Ésta es mi carta al Mundo 75
Éste era un Poeta—Es Aquel 77
Grandes Avenidas de silencio conducían 205
Había sentido hambre, largos Años— 119
Hace ya un año que el anciano estrambótico murió— 201
Hay un dolor—tan poderoso— 125
Hay un sentimiento acabado 163
Hay una cierta Inclinación de la luz, ... 33
Hay una Languidez de la Vida 61
He probado un licor que nunca ha sido— 21
He visto a un Ojo Moribundo 111
Iba pasando de una Tabla a Otra 167
Imperceptible como una Aflicción 209
Juguetea con tu Alma 47
La Araña sostiene un Ovillo de Plata 129
La conexión tan peculiar del Alma 175
La diferencia entre la Desesperación 45
«La Esperanza» es esa cosa con plumas— 31
La Fama es voluble alimento 213
La Fatalidad Le mató, pero Él no cayó— 181
La Mañana que sigue al Dolor— 57
La Mente vive del Corazón 207
La Muerte torna significante una Cosa 55
La Noche del primer Día había llegado— 65
La Publicación—es la Subasta 149
La Roja—Llama—es la Mañana— 87
La última Noche que Ella estuvo con vida 191
La Victoria llega tarde— 147
Lejos de casa estuve muchos Años 133
Lo examinó—vacilante— 185
Los Condenados—ven en el Alba 41

Los Poetas encienden lámparas nada más— 169
Me gusta un asomo de Agonía 25
Me quieres—no tienes duda— 15
Mi vida concluyó dos veces antes de concluir— 219
Mi Vida había permanecido—Arma Cargada— 155
Morí por la Belleza—pero apenas 79
No era la Muerte, pues yo seguía erguida 101
No es este Mundo Conclusión 93
No Todo vino de golpe— 157
Nos acostumbramos a la Oscuridad— 69
Nunca he visto un Brezal— 183
Observa a un Pájaro —se ríe sardónica— 97
Porque a la Muerte yo esperar no pude— 151
Porque eran Riquezas que podía tener 189
Puedo vadear la Pena— 29
Qué Suaves—Criaturas Angelicales— 63
Salí temprano—con mi Perro— 105
Se desató un Viento con fuerza de Corneta— 211
Sentí un Funeral en el Cerebro 35
Sobre la Hierba un Tipo flaco 177
Son éstos los días en que los Pájaros vuelven— 11
Soy «esposa»—con eso ya he terminado— 19
¡Tempestuosas Noches—Noches tempestuosas! 27
Toda la Verdad decidla pero al sesgo— 199
Traté de pensar en Algo más desolado 107
Un Pájaro se acercó por el Sendero— 51
Un Volcán—apagado—la Vida— 127
Una gran Esperanza se derrumbó 197
Una más severa Diligencia me 159
Vivir Contigo no puedo— 141
Yo creo que estaba embrujada 121
Yo de Mí misma—desterrarme— 145
Yo me hice—Carpintero— 91
Yo mido toda Pena que me encuentro 115
Yo no pintaría—un cuadro— 95
¡Yo soy Nadie! ¿Quién eres tú? 37

Índice de primeros versos en inglés

A Bird came down the Walk— 50

A great Hope fell 196

A narrow Fellow in the Grass 176

A still—Volcano—Life— 126

A Wife—at Daybreak I shall be— 82

A *Wounded* Deer—leaps highest— 16

After great pain, a formal feeling comes— 52

As imperceptibly as Grief 208

Because I could not stop for Death— 150

Because 'twas Riches I could own 188

Before I got my eye put out 48

Behind Me—dips Eternity— 152

Between the form of Life and Life 194

Crumbling is not an instant's Act 178

Death sets a Thing significant 54

Fame is a fickle food 212

Fate slew Him, but He did not drop— 180

Good Morning—Midnight— 70

Great Streets of silence led away 204

He fumbles at your Soul 46

He scanned it—staggered— 184

«Hope» is the thing with feathers— 30

How the old Mountains drip with Sunset 38

I can wade Grief— 28

I cannot live with You— 140

I died for Beauty—but was scarce 78

I felt a Cleaving in my Mind— 172

I felt a Funeral, in my Brain 34

I had been hungry, all the Years— 118

I heard a Fly buzz—when I died— 84

I like a look of Agony 24
I measure every Grief I meet 114
I never saw a Moor— 182
I started Early—Took my Dog— 104
I stepped from Plank to Plank 166
I taste a liquor never brewed— 20
I think I was enchanted 120
I tried to think a lonelier Thing .....'............................ 106
I would not paint—a picture— 94
I Years had been from Home 132
I'm ceded—I've stopped being Their's— 98
I'm Nobody! Who are you? 36
I'm «wife»—I've finished that— 18
In Winter in my Room 214
It was not Death, for I stood up 100
I've seen a Dying Eye 110
Me from Myself—to banish— 144
Much Madness is divinest Sense— 72
My Life closed twice before its close— 218
My Life had stood—a Loaded Gun— 154
Myself was formed—a Carpenter— 90
Of nearness to her sundered Things 130
Publication—is the Auction 148
Safe in their Alabaster Chambers— 22
Severer Service of myself 158
She dealt her pretty words like Blades— 88
She sights a Bird—she chuckles— 96
Split the Lark—and you'll find the Music— 164
Success is counted sweetest 8
Tell all the Truth but tell it slant— 198
That odd old man is dead a year— 200
The Brain—is wider than the Sky— 138
The Brain, within its Groove 112
The Bustle in a House 186
The difference between Despair 44
The Doomed—regard the Sunrise 40
The first Day's Night had come— 64

The Heart has narrow Banks 170

The last Night that She lived 190

The Mind lives on the Heart 206

The Morning after Woe— 56

The Outer—from the Inner 80

The Poets light but Lamps— 168

The Province of the Saved 108

The Red—Blaze—is the Morning— 86

The Soul has Bandaged moments— 102

The Soul selects her own Society— 42

The Soul's distinct connection 174

The Spider holds a Silver Ball 128

The Tint I cannot take—is best— 136

The Whole of it came not at once— 156

The Wind took up the Northern Things 202

There came a Wind like a Bugle— 210

There is a finished feeling 162

There is a Languor of the Life 60

There is a pain—so utter— 124

There's a certain Slant of light, ... 32

There's been a Death, in the Opposite House 58

These are the days when Birds come back— 10

They shut me up in Prose— 134

This Consciousness that is aware 160

This is my letter to the World 74

This was a Poet—It is That 76

This World is not Conclusion 92

'Twas like a Maelstrom, with a notch 66

Victory comes late— 146

Water, is taught by thirst 12

We grow accustomed to the Dark— 68

What Soft—Cherubic Creatures— 62

Wild Nights—Wild Nights! 26

You love me—you are sure— 14

Índice

Palabras como espadas: Antología bilingüe 7

67 .... 8/9
130 .... 10/11
135 .... 12/13
156 .... 14/15
165 .... 16/17
199 .... 18/19
214 .... 20/21
216 .... 22/23
241 .... 24/25
249 .... 26/27
252 .... 28/29
254 .... 30/31
258 .... 32/33
280 .... 34/35
288 .... 36/37
291 .... 38/39
294 .... 40/41
303 .... 42/43
305 .... 44/45
315 .... 46/47
327 .... 48/49
328 .... 50/51
341 .... 52/53
360 .... 54/55
364 .... 56/57
389 .... 58/59
396 .... 60/61
401 .... 62/63

410 .... 64/65
414 .... 66/67
419 .... 68/69
425 .... 70/71
435 .... 72/73
441 .... 74/75
448 .... 76/77
449 .... 78/79
451 .... 80/81
461 .... 82/83
465 .... 84/85
469 .... 86/87
479 .... 88/89
488 .... 90/91
501 .... 92/93
505 .... 94/95
507 .... 96/97
508 .... 98/99
510 .... 100/101
512 .... 102/103
520 .... 104/105
532 .... 106/107
539 .... 108/109
547 .... 110/111
556 .... 112/113
561 .... 114/115
579 .... 118/119
593 .... 120/121
599 .... 124/125
601 .... 126/127
605 .... 128/129
607 .... 130/131
609 .... 132/133
613 .... 134/135
627 .... 136/137
632 .... 138/139
640 .... 140/141

642 .... 144/145
690 .... 146/147
709 .... 148/149
712 .... 150/151
721 .... 152/153
754 .... 154/155
762 .... 156/157
786 .... 158/159
822 .... 160/161
856 .... 162/163
861 .... 164/165
875 .... 166/167
883 .... 168/169
928 .... 170/171
937 .... 172/173
974 .... 174/175
986 .... 176/177
997 .... 178/179
1031 .... 180/181
1052 .... 182/183
1062 .... 184/185
1078 .... 186/187
1093 .... 188/189
1100 .... 190/191
1101 .... 194/195
1123 .... 196/197
1129 .... 198/199
1130 .... 200/201
1134 .... 202/203
1159 .... 204/205
1355 .... 206/207
1540 .... 208/209
1593 210-211
1659 .... 212/213
1670 .... 214/215
1732 .... 218/219

Nota a la presente antologia, por Amalia Rodríguez
    Monroy 221

Bibliografía selecta 269

Índice de primeros versos en castellano 273

Índice de primeros versos en inglés 277